Ute Geuß, Walter Hövel, Otto Vierkötter

100 Ideen
für die Arbeit mit Lyrik

Lyrik schreibend erkunden

Impressum

Titel:	100 Ideen für die Arbeit mit Lyrik
	Lyrik schreibend erkunden
Autoren:	Ute Geuß, Walter Hövel, Otto Vierkötter
Titelbildmotiv:	© MARIBELL - Fotolia.com
Druck:	Druckerei Uwe Nolte, Iserlohn
Verlag:	Verlag an der Ruhr
	Alexanderstraße 54 – 45472 Mülheim an der Ruhr
	Postfach 10 22 51 – 45422 Mülheim an der Ruhr
	Tel.: 02 08/439 54 50 – Fax: 02 08/439 54 239
	E-Mail: info@verlagruhr.de
	www.verlagruhr.de

© Verlag an der Ruhr 2009
ISBN 978-3-8346-0509-2

geeignet für die Klasse  5 6 7 (8 9 10)

Die Schreibweise der Texte folgt der neuesten Fassung der Rechtschreibregeln – gültig seit August 2006.

Bitte beachten Sie auch folgenden Titel:

Ein weiterer Beitrag zum Umweltschutz:

*Das Papier, auf das dieser Titel gedruckt ist, hat ca. **50% Altpapieranteil,** der Rest sind **chlorfrei** gebleichte Primärfasern.*

100 Ideen für die Arbeit mit Texten
Literatur schreibend erkunden
Liza Charlesworth
Kl. 5–7, 56 S., A4, Papphefter
ISBN 978-3-8346-0399-9
Best.-Nr. 60399

Wir sind seit 2008 ein ÖKOPROFIT®-Betrieb und setzen uns damit aktiv für den Umweltschutz ein. Das ÖKOPROFIT®-Projekt unterstützt Betriebe dabei, die Umwelt durch nachhaltiges Wirtschaften zu entlasten.

Alle Vervielfältigungsrechte außerhalb der durch die Gesetzgebung eng gesteckten Grenzen (z.B. für das Fotokopieren) liegen beim Verlag. Der Verlag untersagt ausdrücklich das Speichern und Zur-Verfügung-Stellen dieses Buches oder einzelner Teile davon im Intranet, Internet oder sonstigen elektronischen Medien. Kein Verleih.

Inhaltsverzeichnis

4 *Vorwort*

5 *Zur Arbeit mit diesen Materialien*

6 **Gedichte vortragen**

15 **Sprache in Gedichten untersuchen**

25 **Über Gedichte sprechen**

39 **Gedichte gestalten**

50 **Gedichte verfremden**

die rache
der sprache
ist das gedicht

(E. Jandl)

Vorwort

Liebe Kollegen*!

Vor sich haben Sie eine **Lyrik-Kartei**. Eine Lyrik-Kartei? Ist diese Wortkombination schon ein respektloser Widerspruch in sich, der den Gedanken nahelegt, wir wollten literarische Sprache, Sprache als Kunst, Ausdruck frei fließender Gedanken in muffigen Karteikästen sozusagen verbeamten? Wir hoffen, dass Sie beim Durchblättern der Kartei und noch viel mehr beim Arbeiten damit feststellen, dass dem nicht so ist. Die Idee zu dieser Kartei entsprang vielmehr dem Wunsch, den Lyrikunterricht in der Schule von einigem Muff zu befreien, was ja inzwischen vielerorts bereits geschieht, aber immer noch mit einem gehörigen Arbeitsaufwand bei der Vorbereitung verbunden ist.

Interpretationsmaterial jeglicher Auslegungsmethode findet sich ja relativ leicht, doch wo finden wir **Antworten auf unsere Frage**, wenn es darum geht, herauszufinden,

- wie Schüler auf individuelle Art mit Literatur umgehen können
- wie Schüler auch schwierige Texte ohne langwieriges „Ziehen und Drängen" unsererseits verstehen können
- wie Schüler literarische Sprache ohne Umwege über sachliche, analytische und evtl. zerstörende Sprache erfahren und nachempfinden können
- wie Schüler sprachliche Ausdrucksvielfalt erleben können
- wie Schüler ihre persönlichen Vorlieben und Zugangsmöglichkeiten entdecken und für den Umgang mit literarischen Texten nutzbar machen können
- wie Lehrer sich von dem Druck befreien können, die „richtige" Interpretation aus den Schülern herauszulocken und ihnen dabei gleichzeitig den Spaß an Literatur nicht zu verderben.

Wir fanden sie nicht. Jedenfalls nicht in verfügbarer, für den Unterricht leicht zugänglicher und jederzeit verwendbarer Form. Wir fanden allerdings eine ganze Reihe von Antworten in Gesprächen untereinander, mit Kollegen anderer Schulen und Versuchen mit der Hilfe unserer Schüler. Und fingen alsbald an, zu sammeln, auf dass die Sucherei zumindest einmal ein zeitweiliges Ende finde, Ihnen und anderen Kollegen und Schülern erspart bleibe oder durch ständige Erweiterung, Ergänzung, Änderung und durch Erfahrungsaustausch zu einer **lebendigeren Arbeit mit Lyrik im Unterricht** führe.

Aus der Erfahrung heraus, dass traditionelle Interpretation von Gedichten den Schülern eher die Lust daran verdorben hat, als ihnen Texte nahezubringen, heißt unser Motto:
Schluss mit der traditionellen Interpretation von Lyrik. Lasst die Schüler auf ihre Art ihre Interpretation vornehmen.
Diese Kartei ist deshalb auch keine neue Form von Lesebuch in Karteiform, sondern Hilfsmittel, Anstoß und Angebot.

Ute Geuß
Walter Hövel
Otto Vierkötter

---

* Aus Gründen der besseren Lesbarkeit haben wir in diesem Buch durchgehend die männliche Form verwendet. Natürlich sind damit auch immer Frauen und Mädchen gemeint, also Lehrerinnen, Schülerinnen etc.

Zur Arbeit mit diesen Materialien

Die einzelnen Methoden werden hier auf Arbeitskarten vorgestellt. Auf einer Seite finden sich jeweils zwei Karten. **Mit jeder Karte bekommt der Schüler einen kleinen Schreibanlass vorgestellt**, dessen Bearbeitung zwischen 10 und 20 Minuten Zeit in Anspruch nimmt. Auf der jeweiligen Karte wird die Aufgabe bzw. der Schreibanlass erklärt und häufig durch ein Beispiel erläutert. Hierdurch finden sich die Schüler leichter in den Schreibauftrag ein, da sie sich bereits an einer kleinen Vorlage orientieren können. Teilweise wird die Aufgabe anstelle des Beispiels auch durch eine kleine Illustration ergänzt.

Sie können die Arbeitskarten mit den Schreibanlässen zu festgelegten Zeiten im Unterricht einsetzen oder sie verwenden, wenn Sie eine konkrete Fragestellung zu einem bestimmten Gedicht bearbeiten möchten. Selbst wenn Ihre Schüler mit unterschiedlichen Gedichten unterschiedlicher Gattungen auf verschiedenen Niveaus beschäftigt sind, können Sie eine beliebige Aufgabe aussuchen und sie mit Ihrer gesamten Klasse bearbeiten. Ebenso ist es denkbar, dass Sie die Schüler in **Gruppen** einteilen und jede Gruppe mit verschiedenen Karten arbeiten lassen. Sie können sich hier ihre Ergebnisse später gegenseitig vorstellen und sich auf diesem Wege über das jeweilige Gedicht austauschen. Die Karten eignen sich darüber hinaus sehr gut zur **Nachbereitung von individueller Lyrik-Lektüre**, als Aufgabe zur **Einzelarbeit**, zur **Differenzierung**, zur **Freiarbeit** und sind eine willkommene Alternative zu den üblichen **Hausaufgaben**.

Insbesondere, wenn Ihre Schüler nur schwer einen Zugang zu Gedichten finden, werden diese Aufgaben sie unterstützen. Durch die kleinen Schreibanlässe werden sie auf spielerische Art und Weise an Lyrik herangeführt.

Es empfiehlt sich darüber hinaus eine Mappe mit Gedichten in der Klasse bereitzustellen, die von Lehrern und Schülern ständig erweitert werden kann.

Mit den Arbeitskarten werden alle wesentlichen Bereiche der Lyrikanalyse angesprochen. Ihre Schüler finden hier Schreibanlässe zu **folgenden Bereichen**:
- Gedichtvortrag
- Sprache in Gedichten untersuchen
- Über Gedichte sprechen
- Gedichte gestalten
- Gedichte verfremden

Noch ein Hinweis zur Handhabung:
Die Arbeitskarten sind auf dickerem Papier und müssen vor Gebrauch nicht kopiert werden. Schneiden Sie die einzelnen Karten entlang der Linien aus, und laminieren Sie sie mit Folie. So erhalten Sie haltbare Arbeitskarten, die Sie immer wieder im Unterricht einsetzen können. Bewahren Sie die Karten in einem Karton auf, sodass die Schüler darauf eigenständig zugreifen können. Auf diese Weise können die Schüler Aufgaben frei wählen oder sich im Rahmen von Freiarbeit einen Schreibanlass aus dem Kasten heraussuchen und kreativ werden.

Gedichte vortragen

Ein Gedicht in unterschiedlichen Stimmungen vortragen

Ein Gedicht kannst du mit ganz verschiedenen Betonungen vortragen:

tieftraurig,

stinkwütend,

ängstlich,

euphorisch,

...

Dir fallen sicherlich noch viele weitere Stimmungen ein, die du durch die Betonung des Gedichtes ausdrücken kannst. Probiere es aus.

Gedichte vortragen

Moritatensänger

Zu Zeiten, als es noch keine Fernseher, Kinos, Zeitungen oder Bücher gab, reisten Moritatensänger durchs Land, die die Menschen unterhielten und informierten: Sie zeigten Bilder und trugen dazu Gedichte vor. So kannst du auch heute Gedichte präsentieren. Illustriere ein Gedicht auf großen Blättern Papier oder einem Rollenkino, und trage es vor. Du kannst auch auf Folien zeichnen und beim Vortrag den Tageslichtprojektor benutzen oder eine PowerPoint-Präsentation abspielen.

Gedichte vortragen
Übersetzung

Die Liebe ist so vergänglich wie der Schnee

Kaum ist er da, ist sein Ende nah

Sag das nie, es ist Lug und Trug

Die Liebe währt ewig, nur die Zeit vergeht im Flug

Übersetze ein Gedicht in eine andere Sprache. Ins Englische, Französische, Türkische ... Wie klingt es, wenn du es in der neuen Sprache vorträgst?

Love is like the falling snow

Once it comes it has to go

Never say so, it's a lie

Love's forever, 'tis time must fly

Ronald D. Laing

Gedichte vortragen
Aufnahme

Du kannst ein Gedicht aufnehmen und bearbeiten: mit Musik im Hintergrund oder zwischen den Strophen, Geräuschen, Kommentaren etc. Du kannst mit verschiedenen Sprechern arbeiten, bis hin zum Umschreiben eines Gedichtes in ein Hörspiel. In mehreren Durchgängen kannst du das Gedicht langsamer oder schneller aufnehmen, mit Echo-Hall arbeiten, Verse rückwärts laufen lassen ..., und bestimmt fällt dir noch Einiges mehr ein.

Gedichte vortragen

Rollenspiel

In Gedichten werden oft Personen beschrieben, die eine bestimmte Rolle spielen. Setzt diese Rollen in einem Rollenspiel um, probiert die Haltung der Personen aus, verändert sie, guckt, was in bestimmten, von euch aus dem Gedicht entwickelten Situationen spielend herauskommt. Schlüpft in die Rollen hinein!

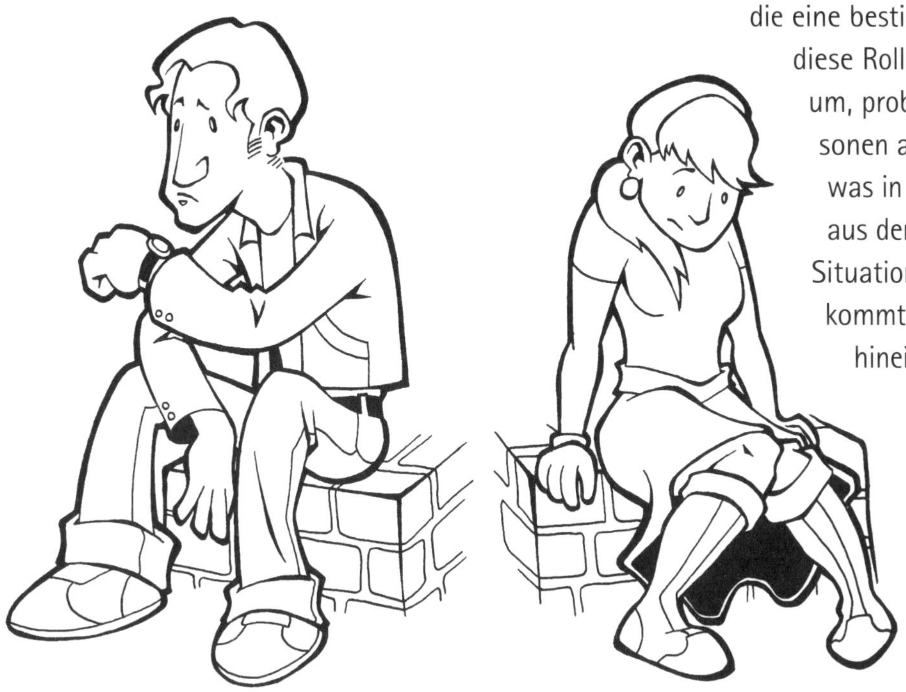

Gedichte vortragen

Mimik und Gestik

Probiere Folgendes aus:

- *Du teilst Mimik und Gestik einerseits, und den Text andererseits auf zwei Personen auf: Die eine spricht, die andere bewegt sich.*

- *Mimik und Gestik werden umgekehrt: Versuche mit Mimik und Gestik genau das Gegenteil von dem, was du in deinem Gedicht gerade vorträgst, auszudrücken.*

- *„Der kleine Mann": Zwei Personen setzen sich dicht hintereinander auf einen Stuhl, der hinter einem Tisch steht. Die vorne sitzende Person zieht eine Jacke oder ein Jackett mit dem Rückenteil nach vorne an und die hinten sitzende Person geht mit ihren Armen in die Ärmel. Die vordere Person trägt dann den Text vor. Die hintere Person bewegt Arme und Hände dazu.*

Wir sprechen nicht nur mit Worten. In unserem Gesicht bewegen sich Augen, Nase, Wangen, Stirn, Augenbrauen, Mund und bei einigen sogar die Ohren: Das ist unsere Mimik. Der Kopf bewegt sich, die Hände, die Arme, Füße und Beine, der gesamte Körper: Das ist unsere Gestik. Fehlen Mimik und Gestik beim Vortragen eines Textes, kann ein Vortrag recht fade sein. Aber mit der Mimik und Gestik kannst du Einiges versuchen.

Gedichte vortragen

Pantomime

Pantomime ist die Kunst, etwas ohne Sprache nur mit Gebärden – also Gesten und Mienenspiel – darzustellen. Die Mimik kannst du dadurch verstärken, indem du das Gesicht weiß schminkst und einige Teile des Gesichts, z.B. Augenbrauen und Augen, mit wenigen dunklen Strichen verstärkst. Als Kleidung eignen sich Kleidungsstücke, die nicht zu bunt sind. Wenn du weiße Handschuhe hast, verstärkt dies den Ausdruck deiner Handbewegungen. Bewege dich beim Vorspielen nie zu schnell, versuche immer, möglichst ernst zu bleiben. Deinen Text kannst du vorher oder nachher vorlesen.

Gedichte vortragen

Theater

Es gibt mehrere Möglichkeiten, ein Theaterstück auf Grundlage eines Gedichts zu gestalten:

- Ihr könnt ein Theaterstück schreiben, bei dem genau festgelegt wird, was jeder zu tun und zu sagen hat.

- Ihr könnt aber auch kleinen Gruppen (2–4 Leute) die Gestaltung einer Szene überlassen und in einer Aufführung die einzelnen kurzen Stücke hintereinander spielen.

- Ihr könnt euch verkleiden, schminken, Masken herstellen, etwas Lustiges, Ernstes, „Unsinniges" oder Realistisches spielen, ein Bühnenbild machen, Musik einsetzen …

… nur keine Angst vor dem Theaterspiel, ihr könnt's ganz sicher!

Gedichte vortragen

Entspannung

Legt euch in einem ruhigen Raum auf den Rücken auf eine Decke oder Matte. Die Arme liegen gerade, aber nicht angespannt neben dem Oberköper. Einer von euch gibt nun langsam folgende Anleitung zur Entspannung:

I. Spüre, an welchen Punkten genau dein Körper auf dem Boden aufliegt: am Kopf, an den Schultern, an den Armen, an den Händen, am Becken, an den Beinen, an den Füßen. Lasse dir eine Weile Zeit damit.

II. Jetzt spanne deine Muskeln beim Einatmen in der Reihenfolge Halsmuskeln – Schultern – Arme – Bauchmuskeln – Beckenmuskeln – Beinmuskeln ganz fest an, und lasse sie beim Ausatmen wieder los.

Während ihr nun ganz entspannt liegen bleibt, liest einer von euch ein Gedicht vor. Hört es euch einfach an, und lasst es auf euch wirken. Ihr könnt auch zur Entspannung und zum Vorlesen leise Musik laufen lassen.

Gedichte vortragen

Klang und Ton

Probiert Folgendes aus:

- *Sucht Klänge und Geräusche, die zu Handlungen oder Personen des Gedichts passen. Das Gedicht wird mit Pausen vorgelesen und die Klänge an den passenden Stellen „eingeblendet".*

- *Erfindet eine Melodie/Geräusche, die zu der Stimmung des Gedichts passen, und spielt sie im Hintergrund, während das Gedicht vorgelesen wird.*

- *Drückt den Inhalt des Gedichts nur mit Musik und Geräuschen aus. Zeigt evtl. Bilder dazu.*

Hast du schon einmal ein Gedicht vertont? Versuch's doch mal. Es muss ja nicht unbedingt ein Lied daraus werden. (Wäre aber auch eine Idee!) Du kannst auch einfach die Handlungen und/oder Stimmungen eines Gedichts musikalisch oder klanglich ausdrücken, untermalen, verstärken ...

Du brauchst:
Instrumente und Klangerzeuger aller Art (einschließlich deiner Stimme), und am besten suchst du dir ein paar Mitschüler zum Mitmachen.

Gedichte vortragen
Stimmungsbilder

Eine Gedichtlesung besonderer Art könnt ihr dadurch erreichen, dass ihr zu den Texten Bilder zeigt. Besonders schön sind dabei „Stimmungsbilder". Dazu sucht und fotografiert ihr Motive, die nach eurer Meinung zum Text passen. Ihr könnt aber auch Bilder benutzen, die ihr zu Hause habt, z.B. Urlaubsfotos. Sie können ruhig für einen ganz anderen Zweck bestimmt sein, ihr müsst sie nur umfunktionieren. Natürlich könnt ihr die Bilder mit Bildverarbeitungsprogrammen auch künstlerisch verfremden.

Gedichte vortragen
Ein Gedicht auswendig lernen

Ein super Gedächtnistraining! Lerne ein Gedicht deiner Wahl auswendig! Gehe dabei Satz für Satz vor, bis du das ganze Gedicht sicher vortragen kannst. Hilfen beim Auswendiglernen:

1. Schreibe es auf einen kleinen Notizzettel, den du ein paar Tage mit dir herumträgst.

2. Lies das Gedicht laut, in verschiedenen Lautstärken, Tonhöhen, Rhythmen.

3. Nimm das Gedicht auf, und spiele es dir selbst vor.

4. Wiederhole es zu verschiedenen Gelegenheiten mehrmals auswendig, damit du es ganz sicher in deinem Langzeitgedächtnis speicherst. Legt in der Klasse fest, dass jeder einmal sein Gedicht auswendig vortragen muss.

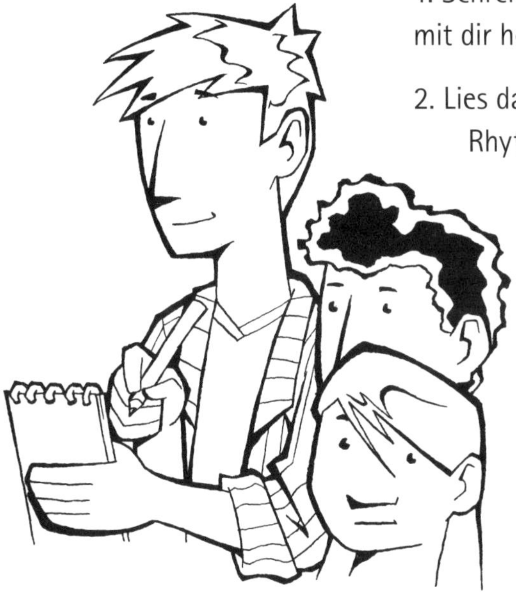

Gedichte vortragen

Ein Gedicht rappen

Fast jedes Gedicht hat seinen ganz speziellen Rhythmus oder ein fest gefügtes Reimschema. Lyrik kommt ja schließlich auch von „Lyra" = Leier, dem Musikinstrument der Barden, und war ursprünglich zum Singen da. Ein Barde musst du heute nicht mehr sein, aber kannst du das Gedicht rappen? Versuche es doch mal. Vielleicht gibt es ja noch jemanden, der die passenden Beats beisteuert? Dann macht es noch mehr Spaß. Den Rap kannst du dann deinen Mitschülern vorspielen. Sie wollen deinen Song bestimmt nicht verpassen.

Gedichte vortragen

Einen Vortragsabend planen

Gedichte sind dazu da, vorgetragen zu werden. Was haltet ihr davon, einen Vortragsabend zu planen? Ihr könnt diesen zu einem bestimmten Dichter (Bertolt Brecht, Johann Wolfgang von Goethe etc.) oder zu bestimmten Themen (Liebe, Herzschmerz, Sommer etc.) veranstalten. Gestaltet aussagekräftige Flyer, und ladet Eltern, Freunde und Bekannte ein! Am besten, ihr habt eine Bühne, vielleicht sogar Kostüme und ein Bühnenbild. Natürlich könnt ihr die Gedichtvorträge auch durch Bilder, Musik, Schauspieleinlagen, Pantomime etc. beleben.

Gedichte vortragen

Standbilder bauen

Ist in einem Gedicht von mindestens zwei Personen die Rede, könnt ihr sie in einem Standbild darstellen. Arbeitet immer in Teams: Es gibt einen Regisseur und so viele Darsteller, wie Personen in eurem Gedicht vorkommen. Der Regisseur gibt die Anweisungen, wie sich die Darsteller zu positionieren haben, welche Mimik und Gestik sie jeweils zeigen sollen. Wenn er zufrieden ist mit dem Standbild und findet, jetzt sind die im Gedicht beschriebenen Personen, ihre Beziehungen zueinander und ihre Gefühle treffend dargestellt, schießt er ein Foto! Druckt die Fotos aus und macht daraus eine Ausstellung. Kürt das Standbild, das eurer Meinung nach dem Gedicht am meisten entspricht.

Gedichte vortragen

Einen Adventskalender erstellen

Gedichte können eine tolle Einstimmung auf das Weihnachtsfest sein! Ein Wäscheklammer-Adventskalender mit Gedichten kann euch durch die Adventszeit begleiten. Um einen für euer Klassenzimmer zu bauen, braucht ihr 24 Wäscheklammern aus Holz, ein Stück Schnur (ca. 1,5 m – 2 m lang), die durch die Löcher in den Klammern passt und 24 auf bunte Karten geschriebene Weihnachtsgedichte. Ihr fädelt die Klammern an ihren Löchern an der Schnur auf, spannt diese quer durch die Klasse und hängt an jede Klammer ein Gedicht. Fertig ist euer Wäscheklammer-Adventskalender, aus dem ihr in der Vorweihnachtszeit jeden Tag ein Gedicht vortragen könnt.

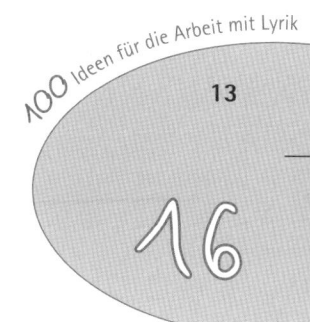

Gedichte vortragen

Ein Morgengedicht vortragen

Ein Tipp: Natürlich müsst ihr das Gedicht nicht unbedingt auswendig vortragen, in jedem Fall solltet ihr den Vortrag aber ein- oder zweimal (ob vor dem Spiegel, Freunden oder der Familie) üben, bevor ihr es am nächsten Morgen in eurer Klasse vortragt. Dann seid ihr, wenn's drauf ankommt, cooler!

Was haltet ihr von einem lyrischen Start in den Schultag? Probiert es doch einmal aus: Schreibt alle eure Namen auf kleine identische Zettelchen, und legt diese in einen Karton. Jeden Tag zieht ihr nun einen Namen. Der Gezogene ist dafür zuständig, am nächsten Schultag vor Unterrichtsbeginn ein selbst gewähltes Gedicht vorzutragen. Die Gedichte sucht ihr alleine aus, Gedichtbände oder auch das Internet sind euch bei eurer Recherche unverzichtbare Hilfen. Ihr habt alle Freiheiten, die gewählten Gedichte dürfen berühmt oder unbekannt, frech, schnulzig, witzig, wütend, lang, kurz, alt oder neu ... alles sein, was euch gefällt!

Gedichte vortragen

Ein Gedicht nacherzählen

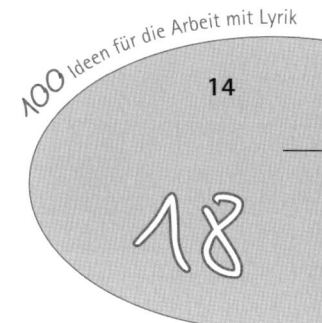

Wer ist John Maynard?

John Maynard war unser Steuermann.

Aushielt er bis er das Ufer gewann.

Er hat uns gerettet, er trägt die Kron'.

Er starb für uns, unsre Liebe ein Lohn.

Es gibt Gedichte, die in lyrischer Form ganze spannende Geschichten erzählen. Auch in den Epen der Antike z.B. Homers „Ilias" und „Odyssee" verschwimmen die Grenzen zwischen Erzählung und Lyrik. Wähle ein erzählendes Gedicht aus, und erzähle das Geschehen in eigenen Worten nach. Lest danach das Gedicht: Hast du alles Wichtige erwähnt?

„John Maynard war Steuermann von Beruf. Er fuhr die Strecke Detroit – Buffalo auf dem Erisee in den USA. Einmal hat er das Schiff und die Passagiere aus einer großen Gefahr gerettet ..."

Sprachen in Gedichten untersuchen

Assoziieren

Suche aus einem Gedicht Wörter, Begriffe oder Ausdrücke, die dir wichtig erscheinen. Schreibe diese untereinander, und füge alle Begriffe hinzu, die dir auf Grund des jeweils letzten Wortes spontan einfallen.

Aus diesen Wörtern kannst du dann auch wieder ein neues, eigenes Gedicht machen.

Sprachen in Gedichten untersuchen

Zeitreise

Aus Amirs Fleisch

ward die Erde geschaffen,

aus dem Blute das Brandungsmeer,

das Gebirg' aus den Knochen,

die Bäume aus dem Haar,

aus der Hirnschale der Himmel.

(1. Strophe der „Edda", Erschaffung der Welt)

Viele Gedichte spielen in einer bestimmten Zeit. Übertrage das Gedicht in die Vergangenheit, Gegenwart oder Zukunft.

Übertragung in die Gegenwart:

Aus Computerchips

ward das Wesen geschaffen,

aus den Kabeln die Gene,

die Muskeln aus Kunstfasern,

die Haut aus Plastik,

aus Megabytes das Denken.

(Erschaffung des Computers)

Sprachen in Gedichten untersuchen

Umgangssprache

Manchmal ist die Sprache eines Gedichtes ziemlich antiquiert oder hochgestochen, einen solchen Text muss man „übersetzen". Suche dir ein altes Gedicht aus, und schreibe es in Umgangssprache um.

Zu Dionys, dem Tyrannen, schlich
Damon, den Dolch im Gewande.
Ihn schlugen die Häscher in Bande.
„Was wolltest du mit dem Dolche, sprich!",
entgegnet ihm finster der Wüterich.
„Die Stadt vom Tyrannen befreien!"
„Das sollst du am Kreuze bereuen."

(F. Schiller, „Die Bürgschaft")

Damon wollte den Diktator Dionys in einer Nacht- und Nebel-Aktion umbringen. Er wurde von den Wächtern gefasst und sofort zum Tod durch Kreuzigung verurteilt.

Sprachen in Gedichten untersuchen

Clustering

Schreibe einen Teil des Gedichtes, z.B. einen Satz, der dir besonders auffällt, in die Mitte eines Blattes. Füge zu jedem Wort andere Wörter hinzu, die dir dazu einfallen. Nicht lange nachdenken, sondern schreiben! Wenn dir nicht sofort etwas einfällt, male zuerst leere Kreise um den Satz herum, die du dann später auffüllst. Hängt eure Cluster in der Klasse auf.

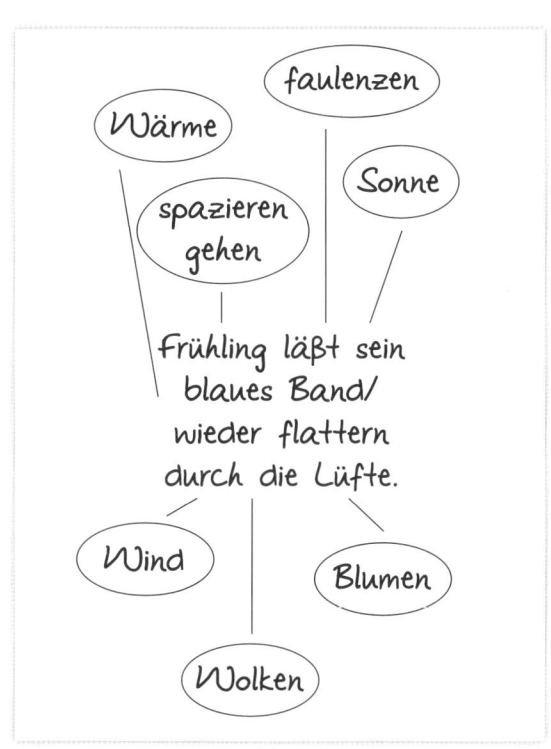

E. Mörike, „Er ist's"

Sprachen in Gedichten untersuchen

Synonyme

Synonyme sind Wörter, die dasselbe wie ein bestimmter Begriff bedeuten (z.B. „lustig" statt „humorvoll" oder „bezaubernd" für „hübsch"). Lies dein Gedicht durch, und suche dir ein Wort, mit dem man sehr schön etwas Einfaches ausdrücken kann. Übertrage den Umriss des Sparschweins auf ein Blatt Papier, und schreibe das Wort über den Münzschlitz. Dann denkst du dir so viele Wörter wie möglich aus, die die gleiche oder eine sehr ähnliche Bedeutung haben. Diese Wörter schreibst du dann in das Sparschwein.

traurig
lustlos
unglücklich
bedrückt
bekümmert
niedergeschlagen
schwermütig
trübselig
depressiv

Sprachen in Gedichten untersuchen

Antonyme

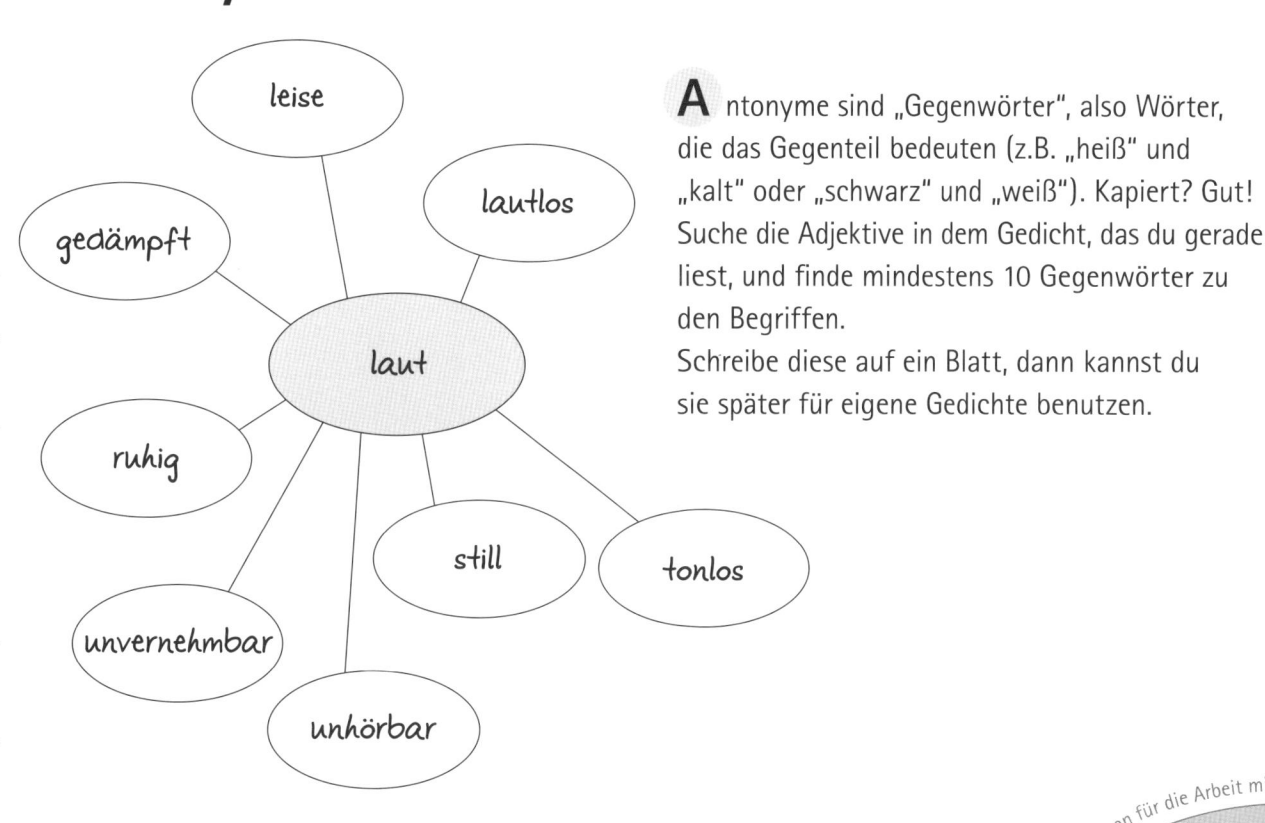

Antonyme sind „Gegenwörter", also Wörter, die das Gegenteil bedeuten (z.B. „heiß" und „kalt" oder „schwarz" und „weiß"). Kapiert? Gut! Suche die Adjektive in dem Gedicht, das du gerade liest, und finde mindestens 10 Gegenwörter zu den Begriffen.
Schreibe diese auf ein Blatt, dann kannst du sie später für eigene Gedichte benutzen.

leise
lautlos
gedämpft
laut
ruhig
still
tonlos
unvernehmbar
unhörbar

Sprachen in Gedichten untersuchen

Verben ersetzen

*Sie sprach zu ihm, sie sang zu ihm;
da war's um ihn geschehn:
Halb zog sie ihn, halb sank er hin,
Und ward nicht mehr gesehn.*

(J. W. v. Goethe, „Der Fischer")

1. Sie flüsterte zu ihm, sie summte zu ihm;
   da war er hin und weg:
   Halb riss sie ihn mit, halb stürzte er mit,
   Und tauchte nie mehr auf.

2. Sie schwieg ihn an, sie kreischte zu ihm;
   Da war er von ihr entsetzt:
   Halb stieß sie ihn zurück,
   halb floh er vor ihr,
   Und kam bald zu Hause an.

Verben beschreiben, was jemand tut oder wie etwas ist. Wenn du sie in einem Gedicht änderst, kann der Text eine ganz neue Bedeutung bekommen. Versuche es, indem du:

1. Verben mit ähnlichen Bedeutungen verwendest,

2. Verben mit einer möglichst unterschiedlichen Bedeutung einsetzt.

Was wird aus dem Gedicht nach deiner Änderung?

Sprachen in Gedichten untersuchen

Reimlexikon

Wähle ein Gedicht aus, das Reimwörter am Ende der Verse hat. Schreibe diese Reime je auf ein Blatt. Suche dann möglichst viele Wörter, die sich ebenfalls auf dieses Wort reimen. Wenn du die Blätter hintereinander in eine Mappe heftest, hast du bald ein eigenes Reimlexikon zusammengestellt!

Sprachen in Gedichten untersuchen

Wo? und Wie?

Obwohl ein Gedicht oft ziemlich kurz ist, kann es dich an viele verschiedene Orte führen oder ganz unterschiedliche Stimmungen bei dir hervorrufen.

Schreibe ein Gedicht in die Mitte auf ein Blatt Papier, und füge drumherum die Orte und Stimmungen ein, die du mit dem Gedicht verbindest.

melancholisch

Felder

traurig

> Verflossen ist das Gold der Tage,
> Des Abends braun und blaue Farben:
> Des Hirten sanfte Flöten starben
> Des Abends blau und braune Farben
> Verflossen ist das Gold der Tage.
> (G. Trakl, „Rondel")

düster

Garten

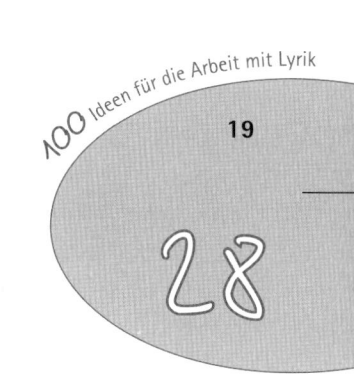

herbstlich

Sprachen in Gedichten untersuchen

Eine neue Überschrift finden

Was sagst du zu der Überschrift des Gedichts, das du gerade gelesen hast? Trifft sie den Inhalt? Gibt sie die Stimmung wieder? Bereitet sie den Leser auf das Gedicht vor? Erkläre, warum du die Überschrift passend findest – oder auch nicht. In diesem Fall überlege dir eine neue.

> F. Schiller:
>
> ~~Der Handschuh~~
>
> Das zickige Fräulein Kunigunde
>
> (Sie ist schließlich die Hauptperson, die den Ritter zu einer gefährlichen Mutprobe herausfordert.)

Sprachen in Gedichten untersuchen

Reime erkennen

König Jakob gab seinem Roß den Sporn,   a

Bergan ging jetzt sein Ritt,   b

Graf Douglas fasste den Zügel vorn   a

Und hielt mit dem Könige Schritt.   b

(T. Fontane, „Archibald Douglas")

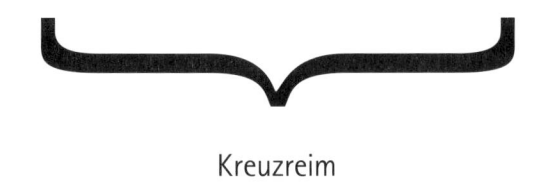

Kreuzreim

Es gibt verschiedene Arten, in welcher Reihenfolge sich Wörter am Ende von Gedichtzeilen reimen, das nennt man dann Reimschema (man bezeichnet es mit kleinen Buchstaben): Reimen sich immer zwei aufeinander folgende Verse, nennt man das Paarreim (a a), reimen sich immer abwechselnd zwei Verse, nennt man dies Kreuzreim (a b a b), und wenn sich bei vier Zeilen die erste und vierte und die zweite und dritte Zeile reimen, spricht man von einem umarmenden Reim (a b b a).

Wähle dir nun verschiedene Gedichte, und versuche, diese Reime zu finden.

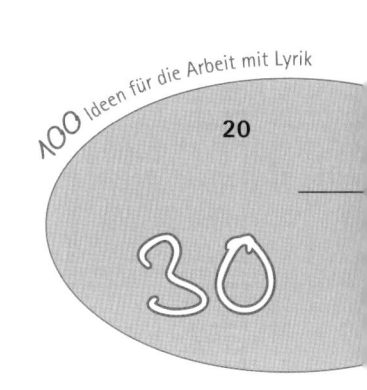

Sprachen in Gedichten untersuchen

Versepuzzle

Junge Pferde! Junge Pferde!

Und die hingetragene Herde

Wer die blühenden Wiesen kennt

Die, das Maul am Winde, rennt:

(P. Boldt, „Junge Pferde")

Suche dir einen Partner, mit dem du gerne zusammenarbeiten möchtest. Dann wählt sich jeder von euch ein Gedicht aus (sie sollten ungefähr gleich lang sein und nicht mehr als drei Strophen haben), kopiert es einmal, und schneidet die einzelnen Verse auseinander. Tauscht nun eure Schnipsel aus, und versucht, sie wieder zu einem Gedicht zusammenzupuzzeln. Klebt eure Ergebnisse auf, und vergleicht sie mit dem Originaltext. Welche Version findet ihr schöner?

Sprachen in Gedichten untersuchen

Reime ergänzen

31

Arbeite bei dieser Aufgabe mit einem Partner zusammen: Jeder sucht sich ein längeres Gedicht aus, das ein Reimschema besitzt. Schreibt das Gedicht ab, lasst dabei jedoch die Reimwörter weg. Dann tauscht ihr die Gedichte aus und versucht, passende Reime zu finden (dazu müsst ihr dem Partner vorher sagen, ob die Strophen einen Paar-, Kreuz- oder umarmenden Reim haben). Vergleicht eure Version mit dem Original: Habt ihr die richtigen Reime gefunden?

Sprachen in Gedichten untersuchen

Elfchen schreiben

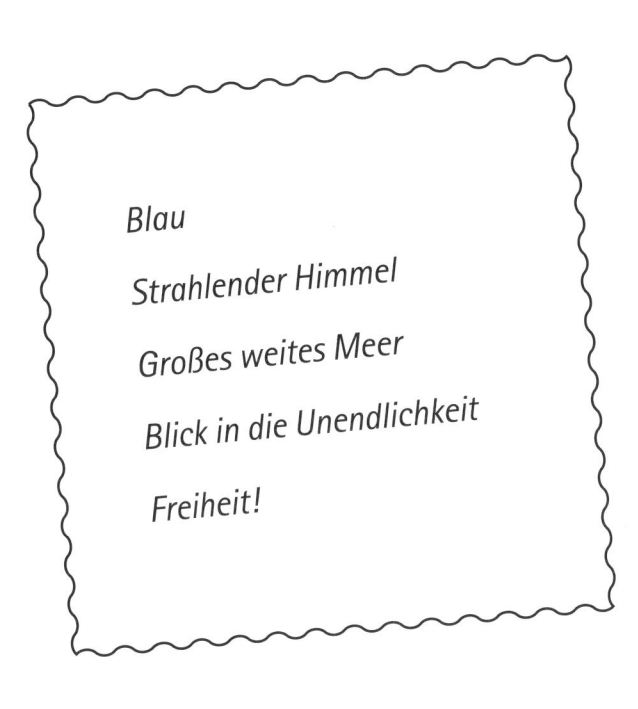

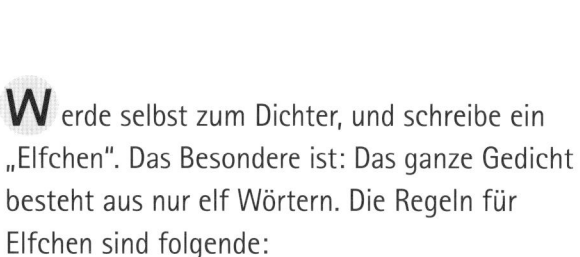

32

Blau
Strahlender Himmel
Großes weites Meer
Blick in die Unendlichkeit
Freiheit!

Werde selbst zum Dichter, und schreibe ein „Elfchen". Das Besondere ist: Das ganze Gedicht besteht aus nur elf Wörtern. Die Regeln für Elfchen sind folgende:

1. Zeile: darf nur ein Wort sein, und dieses muss ein Adjektiv oder Substantiv sein

2. Zeile: müssen zwei Wörter sein, die diese Eigenschaft besitzen oder in direktem Zusammenhang mit dem Substantiv stehen

3. Zeile: müssen drei Wörter sein

4. Zeile: müssen vier Wörter sein

5. Zeile: darf wieder nur ein einziges Wort sein, das das vorher Gesagte abschließt

Sprachen in Gedichten untersuchen

Ich sehe was, was du nicht siehst ...

In vielen Gedichten werden besondere Bilder oder Metaphern (Wörter, die in einer übertragenen Bedeutung eingesetzt werden) benutzt, um Ereignisse, Gefühle oder Orte zu beschreiben. Z.B. „der singende Regen": Regen kann nicht wirklich singen, damit könnte aber das Geräusch der Tropfen auf dem Boden gemeint sein. Nimm dir ein Gedicht vor, und versuche, alle Bilder und Metaphern zu finden und zu erklären.

> Noch nicken Föhren leis im Wald.
>
> Der Sonntag ist vertan.
>
> Und langsam grüßt der Stadtasphalt,
>
> Die erste Straßenbahn ...
>
> (M. Kaléko, „Katzenjammer-Monolog")

Bäume bewegen sich durch den Wind

Lyrisches Ich ist wieder in der Stadt angekommen

Sprachen in Gedichten untersuchen

Woran erinnert mich das?

Wähle dir eine Gedichtüberschrift aus, die dir besonders gut gefällt. Notiere dir dazu auf einem Blatt Papier alle möglichen Wörter, Begriffe und Gedanken, die dir dazu einfallen. Benutze diese Stichworte dann dazu, selbst ein Gedicht zu schreiben (es muss sich ja nicht reimen). Vergleiche es dann mit dem Original: Hatten der Autor und du gleiche Gedanken, oder sind beide Gedichte total unterschiedlich?

Sprachen in Gedichten untersuchen

Liebe = Herz

Die meisten Gedichte behandeln ein Thema, manche greifen auch mehrere Themen auf. Suche zu diesen Themen Bilder oder Symbole, die du passend findest, und zeichne sie neben, über oder um das Gedicht herum.

In die Lüfte hoch ein Reiher steigt,

Dahin weder Pfeil noch Kugel fleugt:

tausendmal so hoch und so geschwind

Die Gedanken treuer Liebe sind.

(E. Mörike, „Jägerlied")

Sprachen in Gedichten untersuchen

Haikus schreiben

Ein Haiku ist eine ursprünglich japanische Gedichtform, die sich aber seit längerer Zeit auch bei uns größter Beliebtheit erfreut. Ein Haiku hat eine klassische Form: Mit insgesamt nicht mehr als 17 Silben ist es das kürzeste Gedicht der Welt. Traditionellerweise beschreibt ein Haiku eine Situation oder einen Gegenstand der Natur. An dem Beispiel kannst du sehen, worauf es bei einem Haiku ankommt. Schreibe dann selber eins.

Der alte Weiher.

Ein Frosch springt hinein.

Oh! Das Geräusch des Wassers.

(anonym, 17. Jh)

Sprachen in Gedichten untersuchen

So schön wie ein Gedicht

Viele Dichter benutzen Vergleiche, um ihre Gedichte lebendig zu gestalten. Ein Vergleich ist ein Satz oder Satzteil, in dem zwei scheinbar ungleiche Dinge durch die Wörter „so ... wie" oder „wie" miteinander verbunden werden. Zum Beispiel:

- so weit wie das Meer
- süß wie Honig
- bunt wie ein Papagei
- langsam wie eine Schnecke

Suche dir nun einen Mitschüler, und nehmt euch mehrere Gedichte vor, die ihr in letzter Zeit gelesen habt. Stellt eine Uhr auf 3 Minuten. Wer von euch findet in dieser Zeit die meisten Vergleiche?

Sprachen in Gedichten untersuchen

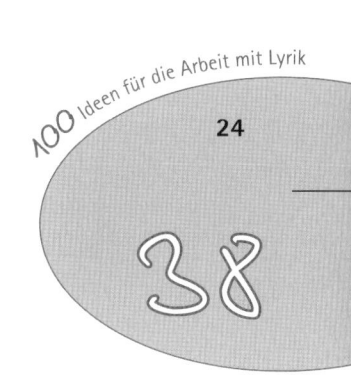

Metrum

Jambus

Ein Engel zieht dich wieder

Gerettet auf den Strand,

Und schaust voll Freuden nieder

In das gelobte Land.

(Novalis, „Geistliche Lieder X")

Beim Lesen von Gedichten ist dir sicher aufgefallen, dass sie häufig eine Art gleichmäßigen „Rhythmus" haben, das so genannte Metrum. Das liegt daran, dass immer eine bestimmte Reihenfolge von betonten und unbetonten Silben eingehalten wird: Wechseln sich z.B. immer eine unbetonte und eine betonte Silbe ab, nennt man das Jambus (z.B. Ver-stand). Ist es umgekehrt, also fängt man mit einer betonten Silbe an, heißt das Metrum Trochäus (z.B. Rhyth-mus). Ist die Reihenfolge betont-unbetont-unbetont heißt das Metrum Daktylus, bei unbetont-betont-betont Anapäst. Versuche nun, in möglichst vielen Gedichten, die du in der letzten Zeit gelesen hast, ein Metrum zu finden.

Über Gedichte sprechen

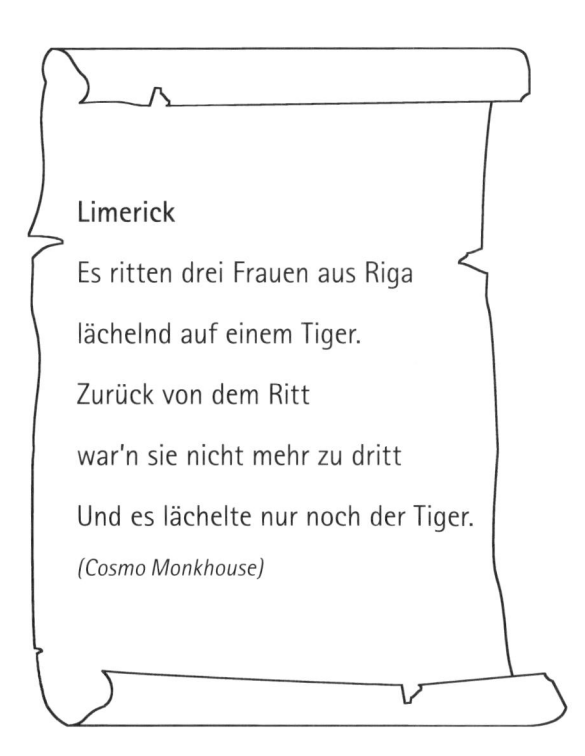

Sonett, Limerick und Co

Limerick

Es ritten drei Frauen aus Riga
lächelnd auf einem Tiger.
Zurück von dem Ritt
war'n sie nicht mehr zu dritt
Und es lächelte nur noch der Tiger.

(Cosmo Monkhouse)

Es gibt viele verschiedene Arten von Gedichten. Häufig lassen sie sich nach ihrer besonderen Form unterscheiden: Ein Sonett z.B. besteht immer aus vier Strophen, bei denen die ersten beiden vier Zeilen umfassen und die letzten beiden aus je drei bestehen; ein Limerick ist ein Scherzgedicht aus fünf Zeilen, bei dem sich die Zeilen 1, 2, und 5, sowie 3 und 4 reimen müssen. Suche noch mehr Gedichtformen, und schreibe zu jeder Form ein Beispiel auf.

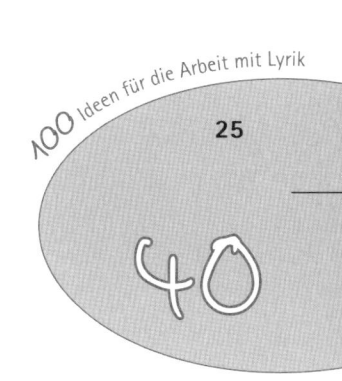

Über Gedichte sprechen

Von Liebe, Tod und den Jahreszeiten

Thema: Meer

J.W. v. Goethe, „Seefahrt"

H. Heine, „Seegespenst"

T. Storm, „Meeresstrand"

C. Morgenstern, „Fisches Nachtgesang"

Viele Gedichte aus den verschiedensten Jahrhunderten beschäftigen sich mit denselben Themen. Versuche, möglichst viele dieser Themen zu finden und jedem Thema mehrere Gedichte aus verschiedenen Zeiten zuzuordnen.

Über Gedichte sprechen

Interviews zu Gedichten führen

Texte rufen immer Meinungen hervor. Wenn euch die Meinungen anderer Menschen zu Gedichten, die bei euch eine bestimmte Haltung hervorgerufen haben, interessiert, so ist eine Möglichkeit, diese mit dem Kassettenrecorder, Diktiergerät oder MP3-Player zu erfragen. Ihr könnt in der eigenen Klasse anfangen, auf dem Schulhof fragen, auf der Straße, in Geschäften, an Jugendtreffpunkten etc. Ihr könnt die Gedichte in einer Art von Flugblättern zum Lesen verteilen, gezielte Fragen stellen oder auch allgemeine Fragen zu Gedichten und Liedtexten. Wenn ihr die Interviews in der Klasse vorstellt, ist es nicht übel, wenn ihr eure Interviewaktion mit dem Fotoapparat oder mit der Digitalkamera begleitet habt.

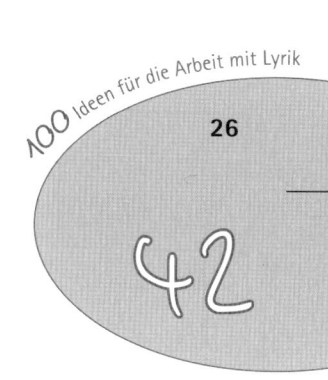

Über Gedichte sprechen

Sich als Dichter fühlen

Bevor ein Gedicht entsteht, macht sich der Dichter einige Gedanken darüber. Vielleicht gibt es ein Erlebnis, eine bestimmte Stimmung oder ein Gefühl, das ihn dazu veranlasste, gerade dieses Gedicht zu schreiben. Versuche mal, dich in die Rolle eines Dichters zu versetzen, dessen Gedicht du gerade gelesen hast. Spiele eine oder mehrere Szenen, die du dir vorstellen kannst. Arbeite den Text in deine Szene ein.

Hier sind einige Möglichkeiten:
Der Dichter
- beim Schreiben des Gedichtes
- beim Vorlesen des Gedichtes (bei Freunden, in seiner Familie, bei einer Dichterlesung)
- bei einem Interview zu seinem Gedicht
- bei einem Erlebnis, das zum Schreiben des Gedichtes geführt haben könnte …

Über Gedichte sprechen

Erste Gefühle beim Lesen beschreiben

Wenn man ein Gedicht zum ersten Mal liest, denkt man häufig noch nicht so richtig darüber nach, sondern hat erst mal einen „gefühlsmäßigen Eindruck" davon. Wenn man diesen Eindruck versucht einzufangen, kann man später besser über das Gedicht mit anderen sprechen. Versuche deshalb, diesen ersten Eindruck auf einem Blatt festzuhalten. Dabei kannst du dich an folgende Fragen halten:

- Was für ein Gefühl hattest du, als du die Überschrift gelesen hast?
- Was hast du während des Lesens gefühlt?
- Versetzt dich das Gedicht in eine gute oder schlechte Stimmung?
- Welche Gedanken sind dir beim Lesen durch den Kopf gegangen?
- Welche Bilder hast du beim Lesen im Kopf gehabt?

Über Gedichte sprechen

Das Lieblingsgedicht der Klasse

Veranstaltet einen Gedichte-Battle: Jeweils Zweierteams suchen ein Gedicht heraus, das ihrer Meinung nach die Chance hat, zum Favoriten der ganzen Klasse zu werden. Beschäftigt euch mit dem Gedicht: Findet spannende Infos zum Dichter oder Hintergrund des Gedichtes heraus, sucht starke Bilder, die zu dem Gedicht passen, und übt, wie ihr das Gedicht am besten vortragen könnt. Dann geht's an die Präsentationen, per Mehrheitswahl wird danach der Favorit der Klasse gewählt. Am besten gibt es auch einen Moderator, der die Teams und ihre Gedichte ankündigt, das Publikum applaudiert oder drückt Missfallen aus, wie es sich für einen Battle eben gehört. Das so gewählte Lieblingsgedicht sollte dann auch einen Ehrenplatz in der Klasse bekommen: Vielleicht fertigt einer von euch eine besonders schöne Abschrift oder einen Ausdruck an und hängt das Gedicht im Klassenraum auf.

Über Gedichte sprechen

Ein Gedicht zu einem Gedicht schreiben

Manchmal gefällt einem ein Gedicht so gut, dass man am liebsten selbst zum Stift greifen würde. Nur Mut! Es ist viel weniger schwierig, als du wahrscheinlich glaubst! Schreibe einfach deine Gedanken auf, und versuche, sie in Verse und Strophen untereinander anzuordnen. Dann gehe alles noch einmal durch, und überlege dir, ob du noch Wörter durch besser klingende Begriffe austauschen willst oder Bilder und Metaphern hinzufügen möchtest. Dann lies es dir laut vor, und überprüfe, ob es gut klingt. Du kannst dich am Anfang an Vorlagen halten, auch ist es nicht schlimm, wenn sich dein Gedicht nicht reimt oder keinen einheitlichen Rhythmus hat.

Über Gedichte sprechen

Eine Rezension schreiben

Eine Rezension ist eine Beurteilung, die in Zeitungen oder Zeitschriften veröffentlicht wird. Meistens werden dort Bücher, Filme o.Ä. rezensiert. Aber warum sollte es nicht möglich sein, auch einzelne Gedichte zu besprechen? Wähle dir also eines aus, das dir besonders gut oder besonders schlecht gefallen hat, und schreibe deine Meinung dazu auf: Erkläre dem Leser zuerst, von wem das Gedicht ist und worum es darin geht, und erläutere dann, warum du es gut/schlecht fandest. Wenn noch andere dasselbe Gedicht rezensiert haben, vergleiche deine Meinung mit ihrer. Habt ihr dieselbe Meinung und dieselben Gründe dafür?

Über Gedichte sprechen

Pralinenschachtel

47

- realistische Story
- unheimliche Stimmung
- geheimnisvolle Windhexen
- spannende Schreibweise
- Mitleid mit Personen
- fabelhafte Bilder

Ein Gedicht hat ein wenig Ähnlichkeit mit einer Pralinenschachtel. Wieso? Beide sind voller Überraschungen! In einer Pralinenschachtel findest du vielleicht sahnige Nougatwürfel, Pralinen mit wunderbar zäher Karamellfüllung oder mit knackigen Krokantsplittern. Und ein Gedicht steckt vielleicht voller begeisternder Figuren, sensationeller Vergleiche und toller Rhythmen. Klar? Übertrage die abgebildete Pralinenschachtel auf ein Blatt Papier. Dann füllst du sie mit netten Sachen, die dir am Schreibstil des Autors wirklich gefallen haben.

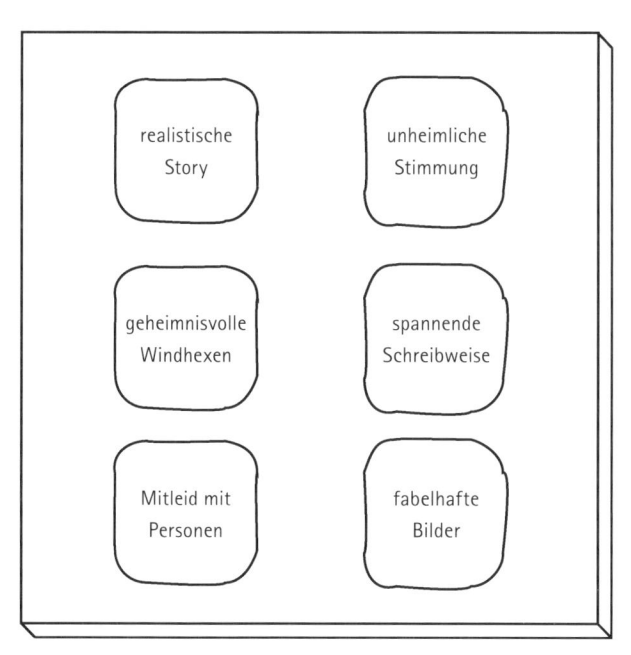

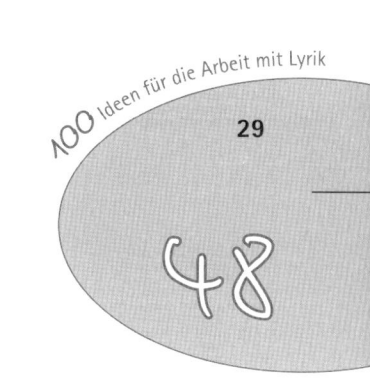

(Zu: T. Fontane, „Die Brück' am Tay")

Über Gedichte sprechen

Mit Musik geht alles besser

48

Das musst du dir einmal vor Augen halten: In Zeiten, in denen man noch nicht per CD- und MP3-Player Musik jederzeit und überall verfügbar hatte, spielten Gedichte, die die Menschen auch unterwegs bei sich trugen, dieselbe Rolle wie für uns heute unsere Lieblingslieder auf dem iPod. Gedichte und Musik haben Einiges gemeinsam: Beides sind Kunstwerke, mit deren Hilfe Menschen Emotionen ausdrücken, beide rufen Erinnerungen und Bilder in uns wach, regen zum Nachdenken und Träumen an und haben einen unverwechselbaren Rhythmus.

Lies einige Gedichte, und überlege, welche Lieder du kennst, die Ähnlichkeit mit den Themen haben, die Stimmung genauso wiedergeben oder aus einem anderen Grund dazu passen würden. Spiele diese Lieder bei deinem nächsten Vortrag vorher, nachher oder im Hintergrund ab.

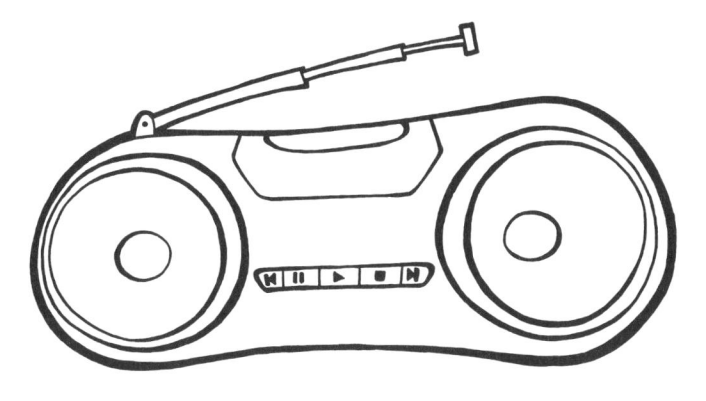

Über Gedichte sprechen

Zehn Jahre später

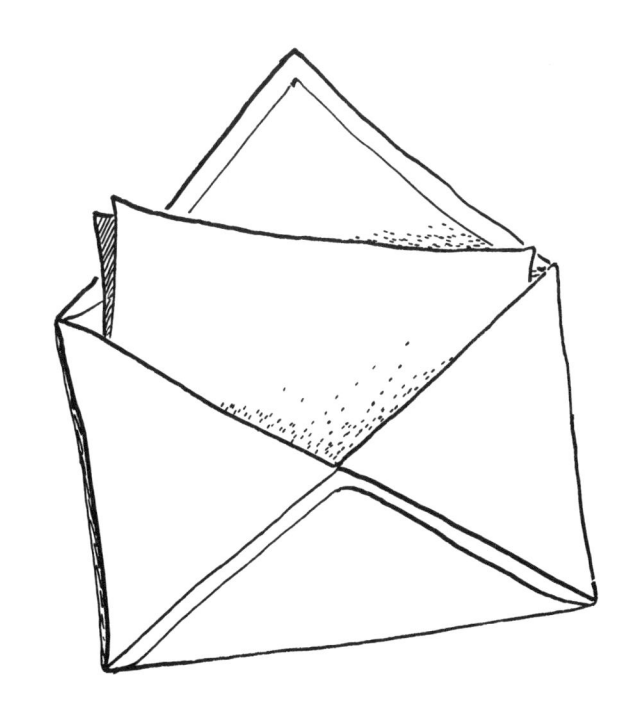

Woran wirst du dich erinnern, wenn du in zehn Jahren das Gedicht wiederfindest, das du gerade gelesen hast? Dass du die Stimmung so gut nachvollziehen konntest? Dass du die Sprache so bildschön fandest? Dass du über eine Stelle laut lachen musstest? Suche die schönste Erinnerung aus, und schreibe sie auf ein Blatt. Dieses kannst du in einen Briefumschlag stecken, verwahren und später immer wieder hineinschauen, wenn du wissen möchtest, was dich an Gedichten so fasziniert hat.

Über Gedichte sprechen

Ich liebe es, ich liebe es nicht

Mir gefällt das Thema.

Die Stimmung ist sehr traurig.

Der Panther ist schön beschrieben.

Das mit dem Blick verstehe ich nicht.

Die zweite Strophe klingt wie Musik.

Das Gedicht hat kein richtiges Thema.

(Zu: R.M. Rilke, „Der Panther")

Wenn du ein Gedicht gelesen hast, gibt es vielleicht Sachen, die du besonders toll fandest, und Sachen, die dir gar nicht gefallen haben. Zeichne eine Blüte auf, so wie du sie auf dieser Karte siehst. Dann schreibe Anmerkungen auf die einzelnen Blütenblätter. Dabei wechselst du, so lange es geht, ab: eine positive Bemerkung – eine negative Bemerkung. Wie sieht zum Schluss deine Bilanz aus?

Über Gedichte sprechen

Was macht ein gutes Gedicht aus?

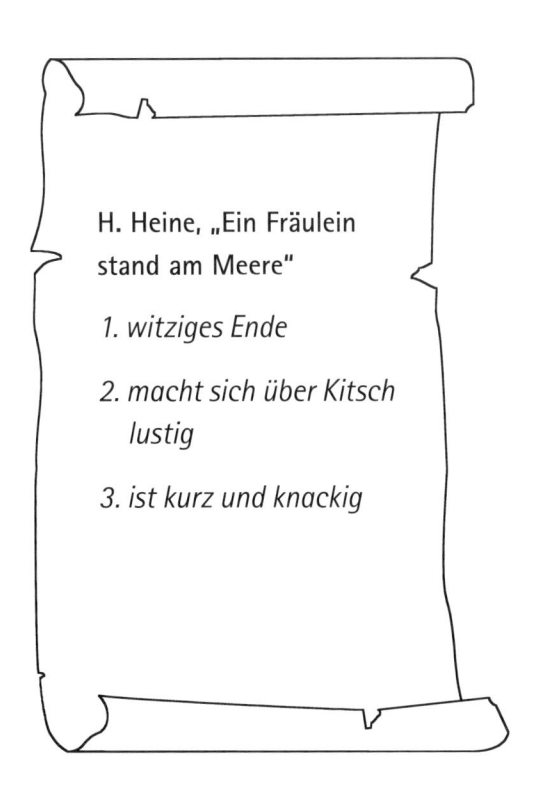

H. Heine, „Ein Fräulein stand am Meere"

1. witziges Ende

2. macht sich über Kitsch lustig

3. ist kurz und knackig

Wähle ein Gedicht aus, und überlege dir, welche drei Dinge du am meisten an ihm magst. Setze dich dann mit anderen zusammen, die das ebenfalls gemacht haben. Diskutiert eure Vorschläge, und stellt dann gemeinsam eine Top-3-Liste für dieses Gedicht auf.

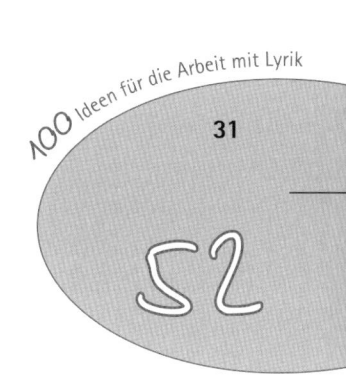

Über Gedichte sprechen

Der wichtigste Satz

Und jedem Anfang wohnt ein Zauber inne.

(H. Hesse, „Stufen")

Gibt es in einem Gedicht einen Satz, der am wichtigsten ist, der am treffendsten die Botschaft oder Stimmung des Gedichtes wiedergibt? Schreibe den Satz, den du am wichtigsten hältst, auf ein Blatt Papier, aber so, dass dein Banknachbar es nicht sehen kann. Dann werden die Wahlzettel eingesammelt und ausgezählt. Konnte die Klasse sich auf einen wichtigsten Satz einigen – oder gibt es so viele wichtigste Sätze, wie es Leser gibt?

Über Gedichte sprechen

Alles Gefühlssache

Finde Gedichte, bei denen du dich

- glücklich
- ängstlich
- erheitert
- traurig
- wütend
- überrascht
- unruhig
- erleichtert
- verwirrt

gefühlt hast.

Das Schöne an vielen Gedichten ist, dass sie dich zum Lachen, Weinen, Ärgern, Schaudern oder Wohlfühlen bringen können. Suche nach Gedichten, bei denen du die Gefühle gespürt hast, die links genannt werden. Schreibe die Gedichte auf, und vergleiche sie mit einem Mitschüler, der die gleiche Aufgabe bearbeitet hat. Habt ihr dieselben Gedichte herausgesucht?

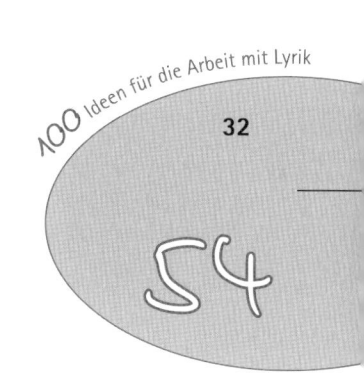

Über Gedichte sprechen

Auf ein Wort ...

- Eifersucht macht unglücklich
- Liebe
- Ehre ist alles
- Sei mutig!!

Wenn du das Thema oder die Botschaft eines Gedichts mit einem Stichwort wiedergeben solltest, welches könnte das sein?
Versuche, einen Begriff oder einen Stichpunkt zu formulieren, der das Gedicht, das du gerade gelesen hast, am besten trifft. Dann schreibe ein paar Sätze, in denen du deine Wahl erläuterst. Wenn du fertig bist, vergleiche dein Ergebnis mit dem eines Mitschülers, der dasselbe Gedicht wie du gelesen hat. Habt ihr dasselbe Stichwort notiert?

Über Gedichte sprechen

Die fünf Sinne

1. Sehen
2. Riechen
3. Hören
4. Schmecken
5. Fühlen

Ein guter Dichter macht sich die fünf Sinne zu Nutze, um seine Gedichte zum Leben zu erwecken. So umschreibt er vielleicht das Gurgeln und Blubbern, das man hört, wenn man durch ein Moor läuft, oder beschreibt den Duft von Tannenbaum und Keksen, wenn er von Weihnachten erzählt. Suche in den Gedichten, die du zuletzt gelesen hast, nach so vielen Stellen wie möglich, die mit den fünf Sinnen zu tun haben. Schreibe sie auf ein Blatt Papier. An welchen Sinn knüpfen die Autoren am häufigsten an? An welchen am wenigsten? Gibt es dafür eine Begründung? Schreibe dazu einige Sätze auf.

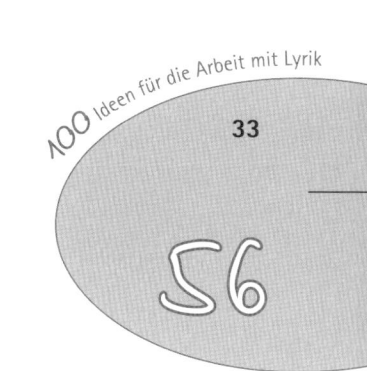

Über Gedichte sprechen

Schreibgespräch

Möchtest du mal über ein Gedicht diskutieren, ohne dass dir jemand ins Wort fällt oder deine Meinung gar nicht gehört wird, weil du eine leise Stimme hast? Dann suche dir 3-5 Mitschüler, und veranstalte eine Schreibgespräch: Schreibt das Gedicht, um das es gehen soll, in die Mitte eines großen Plakats. Jeder Teilnehmer bekommt einen Stift in einer anderen Farbe. Nun schreibt jeder nacheinander einen Kommentar zu dem Gedicht auf das Plakat. Anschließend dürfen alle in beliebiger Reihenfolge dazuschreiben, was sie möchten: Das können Anmerkungen zu den Kommentaren sein, aber auch weitere Gedanken zu dem Gedicht. Selbstverständlich darf bei dem Gespräch kein Wort gesprochen werden! Tauscht euch hinterher aus: Wie hat euch diese Art, zu diskutieren, gefallen?

Über Gedichte sprechen

Wer ist der beste Vorleser?

Suche dir vier Mitschüler, die ebenfalls Lust haben, ein Gedicht vorzutragen. Einigt euch auf ein relativ kurzes (nicht mehr als drei Strophen). Das lesen nun der Reihe nach alle vor, die anderen hören genau zu: Wo liegen die Unterschiede? Wie verändert sich der Ausdruck des Gedichtes, die Stimmungen, die erzeugt werden, durch den Vorlesestil der Vortragenden? Ist es bei jedem neuen Vortrag noch dasselbe Gedicht? Tauscht euch nach der Vortragsrunde über eure Eindrücke aus.

Über Gedichte sprechen

Der Gewinner ist ...

Veranstalte mit deiner Klasse eine Umfrage: Welches ist das Lieblingsgedicht in der Schule? Gestaltet einen Flyer, in dem ihr den Wettbewerb beschreibt: Jeder, der mitmachen möchte, soll den Namen seines Lieblingsgedichtes auf einen Zettel schreiben und ihn in eurer Klasse abgeben. Unter den Teilnehmern könnt ihr auch Preise auslosen. Verteilt den Flyer dann in den Klassen, im Lehrerzimmer, in der Aula usw. Ihr könnt den Wettbewerb auch in der Schülerzeitung oder auf eurer Homepage ankündigen. Nach zwei Wochen könnt ihr das Ergebnis auswerten und euer Lieblingsschulgedicht bestimmen. Die Siegergedichte könnt ihr dann groß auf ein Plakat schreiben und in der Aula aufhängen.

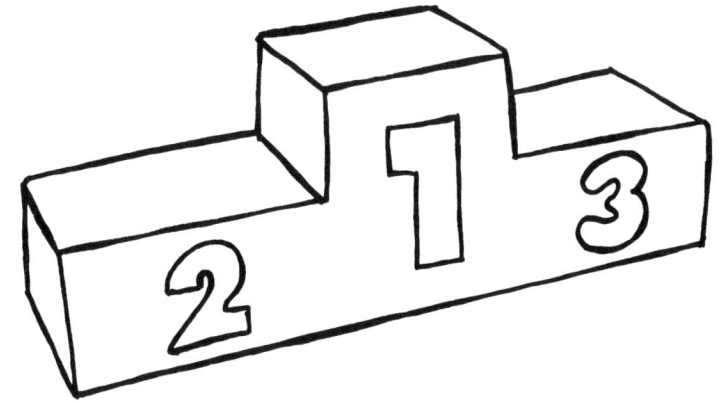

Über Gedichte sprechen

Haupt- und Nebenbotschaften

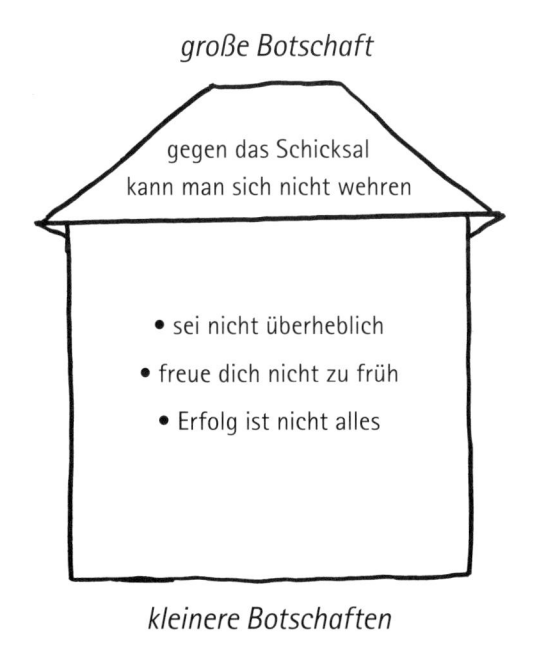

große Botschaft

gegen das Schicksal
kann man sich nicht wehren

- sei nicht überheblich
- freue dich nicht zu früh
- Erfolg ist nicht alles

kleinere Botschaften

(Zu: F. Schiller, „Der Ring des Polykrates")

Die meisten Dichter bringen große und kleine Botschaften in ihren Gedichten unter. Eine große Botschaft könnte sein: „Gehe immer mutig an eine Aufgabe heran." Eine kleine könnte sein: „Vergiss nie eine Jacke, wenn du rausgehst." Übertrage nun die Grafik auf ein Blatt, und fülle sie mit den Botschaften aus deinem Gedicht auf.

Über Gedichte sprechen

Was du unbedingt lesen musst ...

Es gibt Gedichte für alle Gelegenheiten: spaßige, gruselige, romantische, traurige, sehnsüchtige, alberne ... Stelle dir vor, dein bester Freund ist unglücklich verliebt oder aus einem anderen Grunde ganz verzweifelt. Finde ein Gedicht, das er in dieser Situation deiner Meinung nach lesen sollte. Schreibe eine Empfehlung, in der du ihm etwas von dem Gedicht erzählst und nahelegst, es selbst zu lesen! Du kannst dir auch überlegen, welches Gedicht du wohl empfehlen würdest, wenn er gerade Geburtstag hat, eine schlechte Mathearbeit zurückbekommt, auf die Ferien wartet usw.

Über Gedichte sprechen
Das passende Gedicht

Bruchrechnung =

H. Hesse, „Im Nebel",

weil ich mich so wie in dem Gedicht fühle, wenn ich Matheaufgaben rechnen soll.

Versuche, zu jedem Thema, das ihr gerade im Unterricht durchnehmt, ein passendes Gedicht zu finden. Lasse dabei deiner Fantasie freien Lauf, schließlich wirst du zum Thema „Bruchrechnen" nicht auf Anhieb etwas finden. Schreibe in Fällen, in denen der Zusammenhang nicht offensichtlich ist, dazu, wie du auf die Verbindung gekommen bist.

Über Gedichte sprechen
Was haben Sie sich dabei gedacht?

Stelle dir vor, der Autor deines Lieblingsgedichts kommt zu dir an die Schule und du könntest ihm Fragen zu dem Gedicht stellen. Schreibe alles auf, was du gerne noch über das Gedicht wissen möchtest. Tausche dann deine Fragen mit einem Mitschüler aus, der dieselbe Aufgabe bearbeitet. Versuche nun, seine Fragen zu beantworten. Vielleicht hilft es dir, wenn du im Lexikon Informationen über den Dichter nachliest, aber häufig wirst du mit Vermutungen auskommen müssen. Vielleicht lebt der Dichter ja auch noch, dann könntet ihr ihm die Fragen per Brief oder Mail schicken.

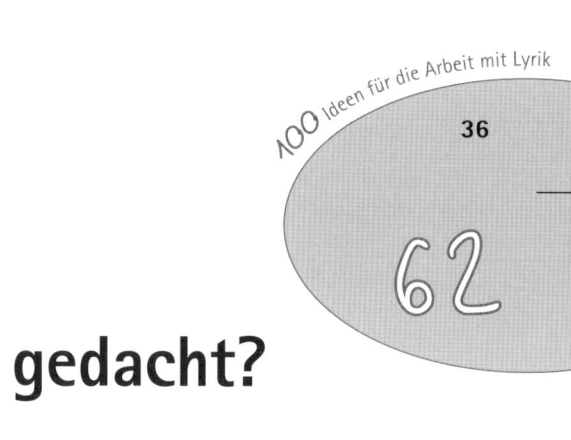

Über Gedichte sprechen

Kaufen Sie dieses Gedicht!

War das Gedicht, das du gerade gelesen hast, unglaublich gut? Wenn ja, denke dir eine Radiowerbung aus, die auch deine Mitschüler von der Qualität dieses Gedichts überzeugt: Erkläre kurz, worum es in dem Gedicht geht, und lobe es dann in höchsten Tönen. Achte darauf, dass du viele aufregende Beschreibungen verwendest wie „großartig", „absolut gigantisch" oder „fantastisch", du kannst dabei ruhig übertreiben. Nimm deine Werbung schließlich auf, oder lies sie in deiner Klasse vor. Hast du sie so überzeugt, dass sie auf der Stelle das Gedicht selbst lesen wollen?

Über Gedichte sprechen

Das Literarische Quartett

Suche dir 3–4 Mitschüler und spiele eine Literatursendung im Fernsehen nach: Jeder stellt zunächst ein Gedicht vor und erzählt, was ihm daran besonders gut gefallen hat und was weniger. Danach dürfen alle ihre Meinung dazu äußern und über das Gedicht diskutieren. Seid ihr überwiegend einer Meinung bei den Gedichten, oder gibt es welche, an denen sich die Geister scheiden?

Über Gedichte sprechen

Gedichte sind cool

Gedichte ...

- helfen mir, meine Gefühle zu verstehen
- können mich trösten, wenn es mir schlecht geht
- ...

Setze dich mit einem Partner zusammen. Versuche nun, ihn im Gespräch davon zu überzeugen, dass Gedichte lesen die beste Form der Unterhaltung überhaupt ist, während er sich dagegen sträubt. Zur Vorbereitung auf das Gespräch kannst du dir auf einem Blatt Argumente notieren, die du im Gespräch benutzen möchtest. Kannst du deinen Freund von deiner Meinung überzeugen?

Über Gedichte sprechen

And the winner is ...

Kategorien für den Preis der Lyrik-Leser:

- längstes Gedicht
- kürzestes Gedicht
- lustigstes Gedicht
- traurigstes Gedicht
- Gedicht mit den besten Figuren
- Gedicht mit der besten Handlung
- unverständlichstes Gedicht
- am schönsten klingendes Gedicht
- ...

Ehrt die schönsten Gedichte, die ihr in der Klasse gelesen habt, mit einer Preisverleihung. Überlegt, welches Gedicht in der jeweiligen Kategorie (ihr könnt euch auch noch zusätzliche ausdenken) gewonnen hat und wer die Lobrede für dieses Gedicht halten soll. Wenn ihr mögt, könnten einige von euch als Dichter die Preise entgegennehmen und eine Dankesrede halten.

Gedichte gestalten

Einen Comic zeichnen

Zeichne zu einem Gedicht einen Comic! Dein Comic darf albern, ernst, schrill, bunt, schwarz-weiß, futuristisch – alles sein, was dir einfällt. Aber das Gedicht sollte wiederzuerkennen sein. Das heißt entweder, du bildest die Gedichthandlung ab oder erfindest eine Geschichte, in der das Gedicht eine tragende Rolle spielt!

Gedichte gestalten

Gedichte in Bilder verwandeln

Versuche, ein Gedicht in eine Zeichnung oder ein Bild umzusetzen. Benutze Bleistift, Faserschreiber, Buntstifte, Wasserfarben, Wachsmalstifte, Ölfarben, Tusche, deinen Computer ...

Zeichne oder male gegenständlich oder abstrakt, zeichne oder male, was dir (!) zu diesem Thema einfällt, auch wenn es im ersten Augenblick nichts mit dem Gedicht zu tun hat. Schreibe dann die Erklärung deines Bildes auf die Rückseite.

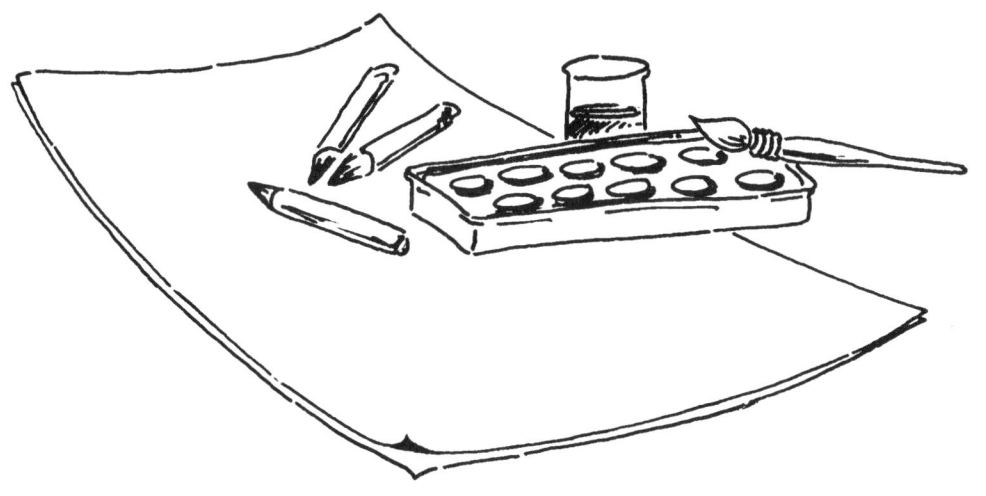

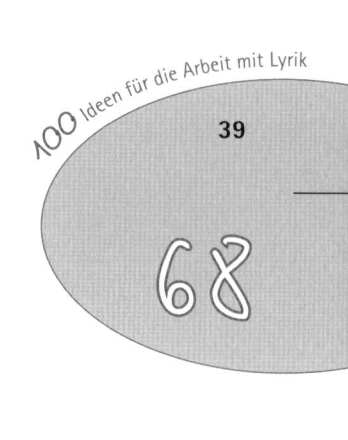

Gedichte gestalten

Plakat

Wenn du ein Gedicht gut findest, mache doch mal ein ganzes Plakat daraus. Schreibe das Gedicht in die Mitte eines großen Plakats, und verziere es mit zusätzlichen Texten (z.B. Kommentaren, Gedanken, etc.), Bildern, Fotos, Farbe …

Hänge dein Plakat in der Klasse auf. Wenn mehrere Schüler diese Aufgabe bearbeitet haben, könnt ihr eine richtige Ausstellung veranstalten!

Gedichte gestalten

Ein Gedicht fühlen

Besorge dir einen Karton. Nimm kaputtes Spielzeug oder andere Gegenstände, Dinge aus der Natur, Sand – alles was dir einfällt –, und lege sie in den Karton. Schließe nun den Karton, und schneide vorne ein Loch hinein, sodass du deine Hand hineinstecken und die Sachen fühlen kannst. Schreibe das Gedicht auf ein Blatt Papier, und klebe es auf die Rückseite, damit jeder weiß, was die Grundlage zu deinem „Fühlkarton" ist. Stelle mit mehreren Mitschülern zusammen die Kartons in der Klasse aus.

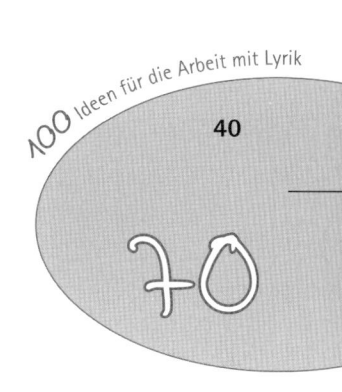

(Zu: K. Tucholsky, „Wenn die Igel in der Abendstunde")

Gedichte gestalten

Ein Gedicht wird zum Film

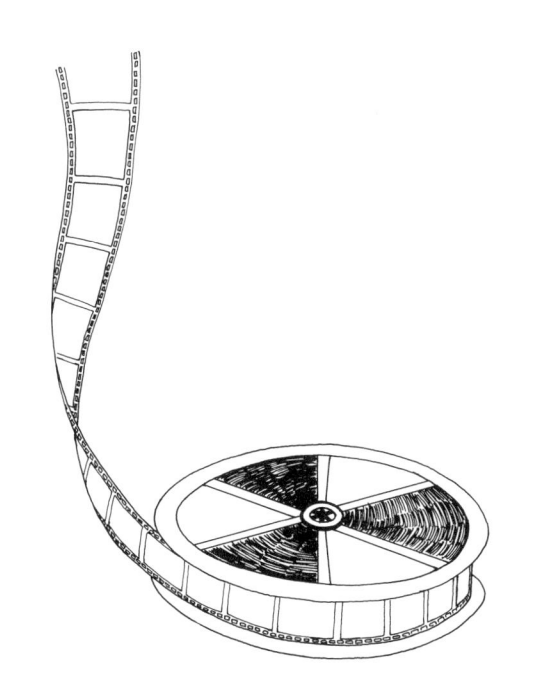

71

DVD gucken kann jeder, eine selber machen aber auch – natürlich vorausgesetzt, ihr habt eine Digitalkamera zur Verfügung.

- Sucht Motive, die ihr aufnehmen wollt, in Häusern, auf der Straße, in der Natur etc.

- Benutzt eure Hände und Gesichter, euren ganzen Körper als Ausdrucksmittel.

- Beobachtet kleine Dinge in ihrer Bewegung, Schönheit oder Hässlichkeit mit der Kamera.

Was aber das Wichtigste ist: Versucht nie, nur das darzustellen, was der Text hergibt. Nehmt die Gedichte als Anregung, nehmt sie als Ausgangspunkt für eure Reise mit der Kamera.

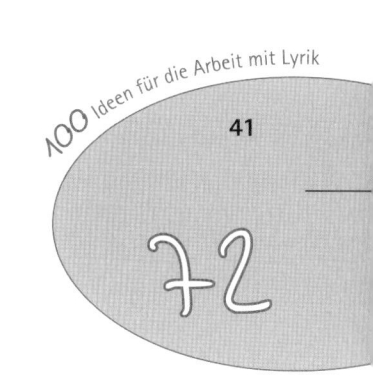

Gedichte gestalten

12 Gedichte – 1 Kalender

72

Aus 12 Gedichten, die du gut findest, kannst du einen Kalender machen. Kaufe dir einen Blanko-Kalender für das nächste Jahr, und schreibe auf jedes Blatt ein Gedicht. Peppe die Kalenderblätter noch mit Grafiken, Bildern, Farben, Fotos, dazu passenden Musiktipps und anderen Dingen auf.

> **November**
>
> *Der Flügelflagel austert*
>
> *durchs Wiruwaruwolz,*
>
> *die rote Fingur plaustert,*
>
> *und grausig gutzt der Golz.*
>
> (C. Morgenstern, „Gruselett")

Gedichte gestalten

Wandtext

Immer mehr Malereien sind an den Wänden in Schulen zu finden. Warum soll nicht auch mal der Text eines Gedichts an einer Wand in deinem Klassenzimmer stehen? Dieser Text kann dann natürlich auch durch ein Bild oder Graffito ergänzt werden.

Beim Schreiben des Textes an die Wand ist es sehr wichtig, dass ihr die Buchstaben sehr sorgfältig malt, gerade, gleichmäßig und exakt. Oder ihr wendet ein umständliches Verfahren an, das aber eine gute Wirkung hat: Einen gedruckten Text fotokopiert ihr auf eine Folie, diese legt ihr auf einen Tageslichtprojektor, projiziert ihn auf die Wand und zeichnet die Schrift nach. Wenn ihr die Wände der Schule nicht bemalen dürft, bringt das ganze auf eine große Pappe oder Holzwand, und stellt sie auf. Wenn ihr einen Sponsor habt, könnt ihr auch eine Reklamefläche außerhalb der Schule mieten.

Gedichte gestalten

Gedicht schön schreiben

Mit Gedichten, die du schön findest, kannst du auch anderen etwas Gutes tun: in Poesiealben, Briefen, Klassen- und Schulzeitungen usw. Du kannst auch selber Briefpapier mit einem Gedicht auf der Rückseite (vielleicht auch zusätzlich Grafik, Foto, Bild etc.) herstellen, das dann etwas persönlicher ist als gekauftes.

Gedichte gestalten
Spiegel

(mirrored text:)

In einer Kugel aus Metall,
Dem besten, das wir besitzen,
Fliegt Tag für Tag ein toter Hund
Um unsre Erde
Als Warnung,
Dass so einmal kreisen könnte
Jahr für Jahr um die Sonne,
Beladen mit einer toten Menschheit,
Der Planet Erde,
Der beste, den wir besitzen.

(G. Kunert, „Laika")

Hast du schon einmal ausprobiert, wie ein Gedicht spiegelverkehrt geschrieben aussieht? Probiere es mit deinem Lieblingsgedicht aus. Am besten geht es, wenn du einen Taschenspiegel neben das Gedicht stellst und dann den Text, den du im Spiegel siehst, abschreibst.

Gedichte gestalten
Fotostory

Du brauchst: eine Kamera und einen Film oder eine Digitalkamera und einen PC und ein paar Schauspieler. Suche dir ein Gedicht aus, das eine ganze Geschichte erzählt. Stelle diese Geschichte in mehreren Bildern nach, und gestalte daraus einen Fotoroman.

Gedichte gestalten
Zum Anfassen

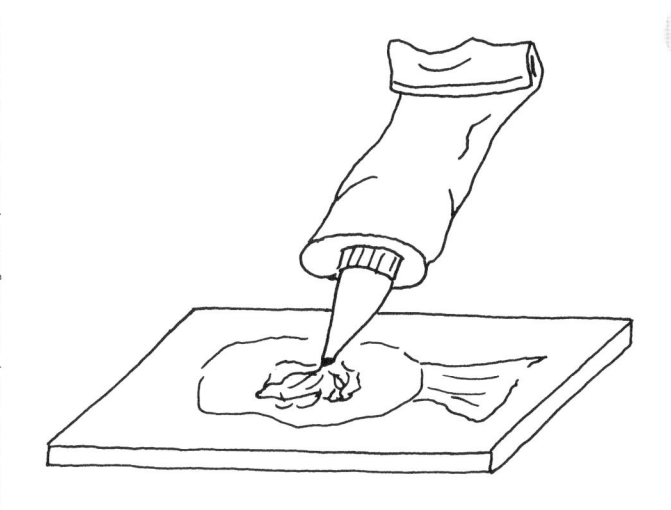

So stellst du ein Gedicht „zum Anfassen" her: Nimm eine Unterlage aus Pappe, Holz, Stoff, Blech usw., und stelle, klebe oder nähe Gegenstände darauf, die in dem Gedicht eine Rolle spielen. Du wirst sicher viele Dinge in deiner Umgebung finden, die nicht mehr gebraucht werden und die du dabei verwenden kannst (wie alte Kleider und Haushaltsgegenstände, Sachen, die du im Wald oder im Garten findest), du kannst aber auch selbst herstellen, was du brauchst (modellieren, schnitzen, nähen …).

Gedichte gestalten
Eine Szene im Schuhkarton darstellen

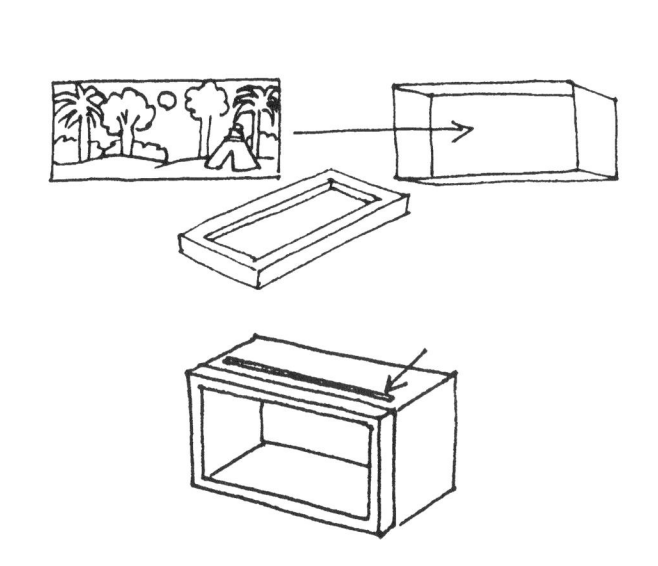

Ein Schuhkarton kann wie eine kleine abgeschlossene Welt sein! Drei Seiten sind der Raum dieser Welt – die offene Seite ist das Fenster, durch das du an dieser Welt teilhast. Suche dir ein Gedicht aus, zu dem du gleich einige Ideen hast, wie du die Handlung in einer Szene darstellen könntest! Dabei sind deiner Kreativität natürlich keine Grenzen gesetzt. Auch bei der Materialauswahl nicht. Es bieten sich Playmobil-Figuren, Puppenmöbel und Stoffe an, um eine Szene nachzubauen, aber natürlich kannst du durch Farben, verschiedene Materialien und Formen auch etwas Abstraktes darstellen! Lass deinen Ideen freien Lauf beim Bau deiner Gedicht-Welt.

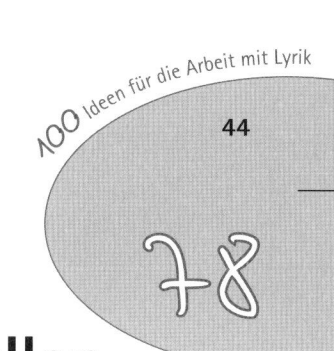

Gedichte gestalten

Ein Klassengedichtheft erstellen

Nehmt eine große Sammlung verschiedenster Gedichte – ihr könnt dazu auch im Internet recherchieren –, und legt sie in eurer Klasse aus. Macht dann eine Leserallye: Jeder setzt sich mal an diesen, mal an jenen Tisch und liest so viele verschiedene Gedichte wie möglich (am besten alle!). Dann entscheidet sich jeder für sein persönliches Lieblingsgedicht. Dieses schreibt er in Schönschrift (per Hand!) ab, und fertigt eine kleine Skizze, Grafik oder ein Bild dazu an. Die Lieblingsgedichte aller Schüler werden dann in einem Klassengedichtheft gesammelt, das sich jeder kopieren kann.

Gedichte gestalten

Vorhang auf!

Wenn ihr einen Gedicht-Vortragsabend plant, solltet ihr auch bedenken, dass die richtige Kulisse die Wirkung des vorgetragenen Gedichtes noch verstärken kann. Doch auch wenn kein großer Vortragsabend ansteht, kannst du dir Gedanken dazu machen, welche Bühnenbilder zu welchen Gedichten passen: Vielleicht gibt es Gegenstände, die in dem Gedicht eine herausragende Rolle spielen, oder Bilder, wie z.B. Landschaften, die ihr in den Hintergrund stellen könnt, Spielereien mit hellem und dunklem oder farbigem Licht … Schreibe auf, fertige Skizzen an und stelle in der Klasse vor, vor welcher Kulisse du am liebsten deine Lieblingsgedichte vortragen würdest.

Gedichte gestalten
Textmuseum

Ausstellung für …

Ein neues Museum soll demnächst eröffnen und alles zu dem letzten Gedicht enthalten, das du gerade gelesen hast. Du sollst deshalb die Ausstattung übernehmen. Nun hast du aber leider keine Gemälde zu deinem Gedicht und musst dir etwas anderes einfallen lassen. Nimm dir einen großen Bogen Papier, und schreibe oben drüber: Ausstellung für … (hier fügst du den Namen deines Gedichtes ein). Dann malst du verschiedene fantasievolle Rahmen und beschriftest sie z.B. mit „Hauptperson", „Schauplatz", „Stimmung", „Thema", „Schreibstil" usw. Dann füllst du die Rahmen mit einer wohl überlegten Beschreibung. Hänge dein Plakat in der Klasse auf, vielleicht habt ihr bald ein ganzes Museum voll!

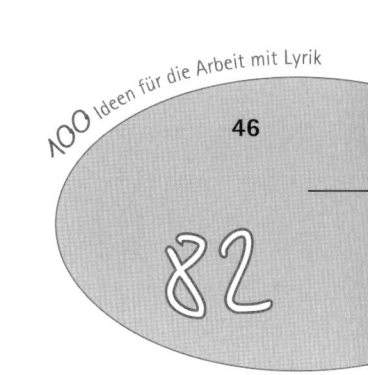

Gedichte gestalten
Tauschkarten erstellen

(Zu: G. Benn, „Kleine Aster")

Erstelle dir aus den Gedichten, die du in letzter Zeit gelesen hast, neue Tauschkarten: Schreibe vorne auf die Karte den Namen des Gedichts, und male ein Bild dazu. Auf der Rückseite beschreibst du die Besonderheiten, das Thema, die Stimmung usw. Wenn du fertig bist, tausche deine Karten mit denen deiner Mitschüler.

Gedichte gestalten

Mein Erstes, mein Zweites, mein Drittes …

Suche dir drei Gegenstände aus, anhand derer du deinen Mitschülern ein Gedicht erklären kannst; z.B. könntest du mit einem Besen, einem Zauberhut und einem Quietscheentchen den „Zauberlehrling" von J.W. v. Goethe erklären: „Mein Erstes ist ein Zaubererhut, der zeigt, wer die Hauptpersonen der Ballade sind: ein Zauberer und sein Lehrling. Der Zauberer ist gerade weggegangen, da will der Lehrling die Gelegenheit nutzen und auch mal Zauberei ausprobieren. Mein Zweites ist ein Besen …"

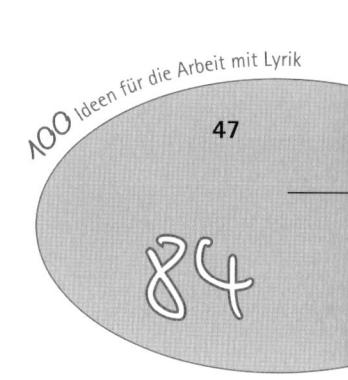

Gedichte gestalten

Wandzeitung

Gestalte zusammen mit mehreren Mitschülern eine Wandzeitung zu einem Gedicht: Schreibt das Gedicht auf ein Plakat, und hängt es an einer Wand in der Klasse auf. Daneben, drüber und drunter hängt ihr Zeitungsmeldungen, Artikel aus Zeitschriften, Kopien interessanter Seiten aus Büchern, Bilder aus dem Internet usw., die ihr mit dem Gedicht in Verbindung bringt. Stellt dann der gesamten Klasse eure Wandzeitung vor.

Gedichte gestalten

Fotoausstellung

Suche dir in deiner Umgebung Motive, die zu dem Gedicht passen, das du als letztes gelesen hast. Schnappe dir nun einen Fotoapparat oder eine Digitalkamera, und mache Bilder davon. Wenn du in der Nähe nichts Passendes findest oder keine Kamera zur Hand hast, kannst du auch im Internet auf Fotosuche gehen und sie ausdrucken. Hänge deine Fotos in verschiedenen Rahmen auf. Lasse nun deine Mitschüler raten, welches Gedicht du wohl gelesen hast.

Gedichte gestalten

Figuren eines Gedichtes zeichnen

So ziemlich alle Gedichte handeln von Personen oder Tieren: Entweder sie sprechen sich in dem Gedicht als lyrisches Ich aus und beschreiben, was sie fühlen, denken oder sehen, oder sie handeln unmittelbar und werden beschrieben. Nehmt euch jeder ein Gedicht eurer Wahl vor – und zeichnet die Person, die sich in dem Gedicht ausspricht oder die darin beschrieben wird. Kommen in einem Gedicht mehrere Personen oder andere Lebewesen vor, könnt ihr natürlich auch mit mehreren Schülern an diesem Gedicht arbeiten. Am besten, ihr zeichnet eure Personen alle in einer einheitlichen Größe. Danach könnt ihr noch Gegenstände, die in dem Gedicht eine Rolle spielen, zeichnen. Schneidet die Personen und Gegenstände aus, und klebt sie auf einer großen Wandfläche bunt durcheinander, sodass auf einmal die unterschiedlichsten Personen oder Lebewesen zusammenstehen: Mackeath Messer neben der Loreley, das Röslein auf der Heide neben dem Werwolf …

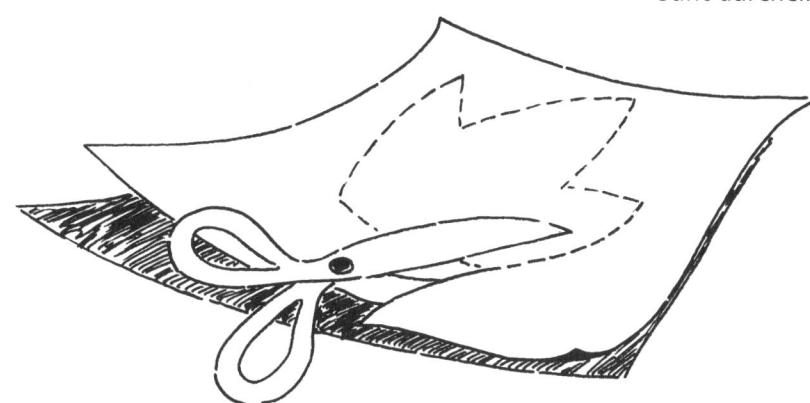

Gedichte gestalten

Postkarten für jede Gelegenheit

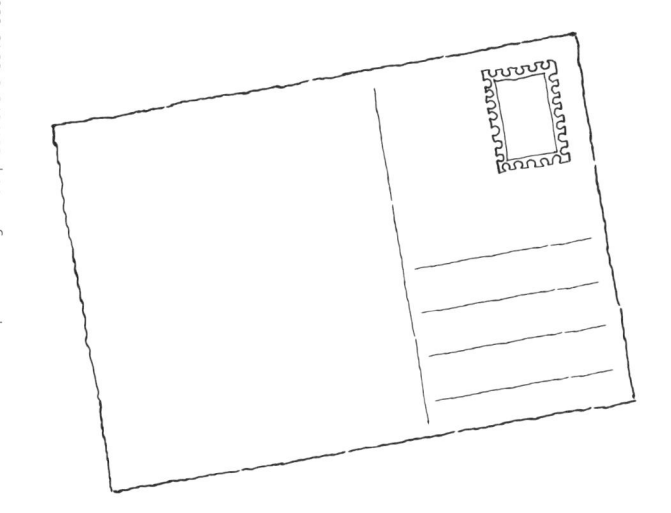

Weil Gedichte so viele unterschiedliche Stimmungen transportieren, passen sie zu den verschiedensten Gelegenheiten im Leben:

- Zu frohen Anlässen, wie Geburtstagen, Feiertagen oder bestandenen Prüfungen …

- Zu traurigen Anlässen, wie einer Trennung, einem schlimmen Streit, einer Krankheit oder dem Verlust eines geliebten Menschen …

- Zu Situationen, die einem Angst machen, wie Tod, Kriege …

Fertige Gedicht-Postkarten zu den verschiedensten fröhlichen, traurigen und beängstigenden Ereignissen an.

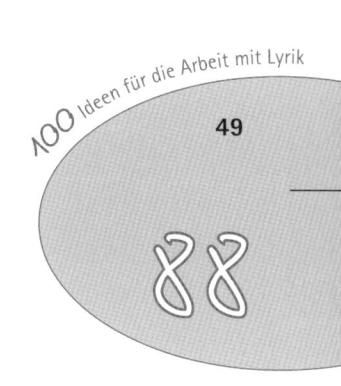

Gedichte gestalten

Einsetzen

Versuche einmal, einige Teile des Gedichttextes durch eigene Gedanken, Erlebnisse, Worte, Ideen zu ersetzen. Suche dir dann einen Mitschüler, der dieselbe Aufgabe bearbeitet hat, und vergleicht eure Versionen mit dem Originalgedicht: Wie stark sind eure Veränderungen? Geben sie dem Gedicht einen neuen Sinn, oder klingt es ganz anders?

> Ich sitze am Straßenrand
> Der Fahrer wechselt das Rad.
> Ich bin nicht gern, wo ich herkomme.
> Ich bin nicht gern, wo ich hinfahre.
> Warum sehe ich den Radwechsel
> mit Ungeduld?
>
> (Bertolt Brecht, „Radwechsel")

> Ich sitze in der Schule.
> Ich bin nicht gern in dieser Klasse.
> Ich bin nicht gern in dieser Stunde
> Warum gehe ich aber jeden Morgen
> mit Spaß hin?

Gedichte verfremden

Aus „alt" mach „neu"

*Befiehl den letzten Früchten voll zu sein;
gib ihnen noch zwei südlichere Tage,
dränge sie zur Vollendung hin und jage
die letzte Süße in den schweren Wein.*

Erzählungen von einem gewöhnlichen Leben ohne
Schrecken am Mittwoch, genau wie heute. Der Tag
ist regenhell, verwehte Laute: oh friedlicher
Mittwoch mit Zwiebeln, auf dem Tisch

(R.M. Rilke, „Herbsttag"/ R.D. Brinkmann,
„Oh, friedlicher Mittwoch")

Du kannst aus zwei oder mehr Gedichten ein neues machen, indem du aus jedem Teile nimmst: Schneide mehrere Gedichte entlang der Strophengrenzen auseinander. Stecke die Zettel in einen Kasten, schüttele ihn gut durch, und ziehe nun mehrere Zettel heraus. Überlege dir, wie diese Strophen am besten hintereinander passen, und klebe sie auf ein Blatt auf. Wenn noch mehrere deiner Mitschüler diese Aufgabe bearbeitet haben, könnt ihr euch gegenseitig eure neuen Kunstwerke vorlesen.

Gedichte verfremden

Gegenteilgedicht

Schreibe ein Gegenteilgedicht, indem du zu einem Satz einen Gegensatz schreibst bzw. zu einem Vers einen Gegenvers:

Du kannst verneinen, was vorher behauptet wurde, einzelne Worte durch das Gegenteil ersetzen, dem ganzen Sinn einen Gegen-Sinn geben usw. Wenn du dies ausprobierst, wirst du feststellen, dass es oft mehr als nur einen Gegensatz gibt.

Gedichte verfremden

Weglassen

Nomen

Verben

Adjektive

Artikel

Pronomen

Präpositionen

Adverbien

Numerale

Du machst aus einem Gedicht mehrere, indem du mal die Nomen, mal die Verben etc. weglässt. Hört euch an, was dann bei den Gedichten rauskommt.

Du machst aus einem mehrere, indem du mal die, mal die etc. weglässt. Hört euch an, was dann bei den rauskommt.

Du aus einem Gedicht mehrere, indem du mal die Nomen, mal die Verben etc. Euch an, was dann bei den Gedichten.

Machst aus einem Gedicht mehrere, indem mal Nomen, mal Verben etc. weglässt. Hört an, was dann bei Gedichten rauskommt.

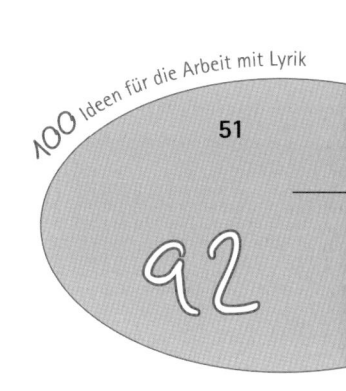

Gedichte verfremden

Dialekte

Leider gibt es nicht mehr allzu viele Leute, die Dialekt oder Mundart sprechen können. Aber einige können es eben doch noch, und die sollten versuchen, Liedtexte, Gedichte oder andere Texte entsprechend umzusetzen. Dabei könnt ihr wörtlich übersetzen, aber viel öfter bietet es sich an, sehr frei zu übersetzen oder sogar vom vorliegenden Text abzuweichen.

Wer es nicht alleine schafft, kann sich ja vielleicht von Eltern, Großeltern, Verwandten oder Bekannten helfen lassen.

Gedichte verfremden

Sexchange

Als Kolumbus von seiner Amerikafahrt
nach Spanien heimkam mit Gold und mit Bart
und, hochgeehrt und umjubelt, schritt
durch die Hauptstadt des Landes, nämlich Madrid,
entdeckte er plötzlich drüben rechts
eine hübsche Person femininen Geschlechts.
(Heinz Erhard, „Kolumbus")

Als Sophia von ihrer Amerikafahrt
Nach Spanien heimkam immer noch ohne Glatze und Bart
Und, hochgeehrt und umjubelt, schritt
Durch die Hauptstadt des Landes, nämlich Madrid
Entdeckte sie plötzlich da drüben rechts
Eine hübsche Person maskulinen Geschlechts.

In vielen Gedichten geht es um Figuren, deren Geschichte beschrieben wird. Probiere nun aus, was passiert, wenn du die Geschlechter der Personen veränderst: Tausche Männer gegen Frauen, Frauen gegen Männer aus. Was hältst du nun von deinem Gedicht?

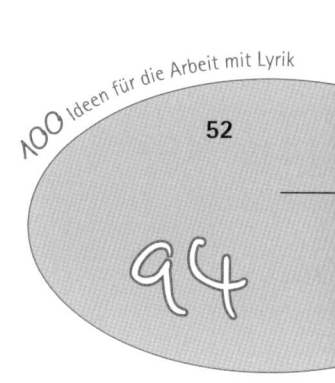

Gedichte verfremden

Neueste Nachrichten

Viele Dichter haben einen Großteil ihrer Gedichte zu Themen geschrieben, auf die sie durch einen Zeitungsartikel aufmerksam wurden, z.B. Bertolt Brechts Gedicht „Apfelböck oder die Lilie auf dem Felde". Mache es Bertolt Brecht nach! Nimm dir die Tageszeitung, und schreibe ein kleines Gedicht zu einem Zeitungsartikel, der ein Thema behandelt, das dich irgendwie fasziniert! Sei kreativ, du musst dich an keine strenge Form halten.

Gedichte verfremden

Der Rest ist Schweigen

Mann: „Lass uns doch ins Café gehen und über alles reden."

Frau: „Da gibt es nicht viel zu besprechen, ich liebe dich nicht mehr."

Mann: „Aber warum so plötzlich, das müssen wir doch schon länger bemerkt haben ..."

Frau: „..."

(Zu: E. Kästner, „Sachliche Romanze")

Viele Gedichte drücken das manchmal schwierige Miteinander von Menschen oder Menschen und anderen Lebewesen aus. Wähle dir ein Gedicht, das von mindestens zwei Personen oder Tieren und deren Gefühlen zueinander spricht, und schreibe einen Dialog der beiden! Welche Anhaltspunkte gibt dir das Gedicht, wie die Personen zueinander stehen? Welche Schwierigkeiten und unterschiedlichen Vorstellungen haben die beiden? Lasse sie miteinander reden!

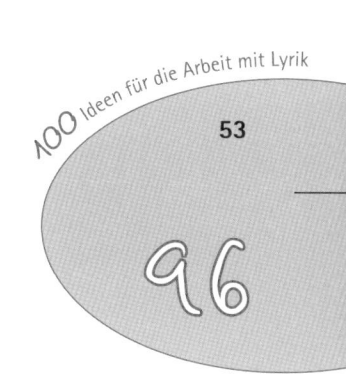

Gedichte verfremden

Und was sagen Sie dazu?

Lehrer Lämpel: „Die Kinder heutzutage werden auch immer frecher!"

Herr von Ribbek: „Das finde ich eigentlich nicht. Wenn ich ihnen Birnen schenke, sind sie eigentlich immer sehr nett zu mir."

Lehrer Lämpel: „Ihre Meinung wird sich ganz schnell ändern, wenn Sie hören, was mir letzten Sonntag passiert ist ..."

(Zu: T. Fontane, „Herr von Ribbek auf Ribbek" / W. Busch, „Max und Moritz")

Du hast mittlerweile wahrscheinlich schon eine ganze Reihe Gedichte gelesen und dabei viele Personen kennen gelernt. Zwar leben die alle in unterschiedlichen Welten, nämlich in der ihres jeweiligen Gedichtes, aber wie wäre es, wenn du einen Text schreibst, in dem sich Figuren aus unterschiedlichen Gedichten treffen und unterhalten? Was würde zum Beispiel Lehrer Lämpel mit Herrn von Ribbek zu bereden haben?

Gedichte verfremden

Es war einmal ...

97

Manche Gedichte sind so verträumt und es treten so zauberhafte Wesen in ihnen auf, dass es dir sehr leicht fallen sollte, daraus ein Märchen zu schreiben. Aber du kannst dir auch schwierigere Gedichte vornehmen, die eigentlich nicht viel von einem Märchen haben, und eins draus machen. Halte dich aber unbedingt an die typischen Märchen-Muster: Dein Märchen sollte mit „Es war einmal" anfangen, jemand sollte eine Aufgabe erfüllen müssen und am Ende belohnt werden usw.

Gedichte verfremden

Perspektivwechsel

98

Wähle dir eine Person in deinem Gedicht aus, und erzähle die Ereignisse aus ihrer Sicht. Wenn das Gedicht von keinem Ereignis erzählt, sondern z.B. eine Landschaft beschreibt, stelle dir vor, dass eine Person die beschriebene Szene betritt und diese beschreibt und kommentiert. Denke daran, besonders die Gedanken und Gefühle der Person zu beschreiben.

> *Der Junge: „Gestern war ich Nachmittags bei meinem Freund zum Spielen. Als ich wieder nach Hause gehen wollte, war es schon fast dunkel, aber ich war so spät dran, dass ich nicht anders konnte, als die Abkürzung durch das Moor zu nehmen ..."*
>
> *(A. v. Droste-Hülshoff, „Der Knabe im Moor")*

Gedichte verfremden

Alles kann Lyrik werden

Achtung, hier kommt eine echte Herausforderung für dich! Nimm dir einen kurzen Text deiner Wahl, eine SMS, einen Abschnitt aus der Schulordnung, einen Absatz aus einer Gebrauchsanweisung, einen Einkaufszettel – egal was, aber je abgefahrener, desto besser –, und mache daraus ein Gedicht! Das kann etwas kniffelig sein, dafür wirst du aber mit herrlich skurrilen Gedichten belohnt. Natürlich müsst ihr euch in der Klasse eure Ergebnisse gegenseitig vorstellen!

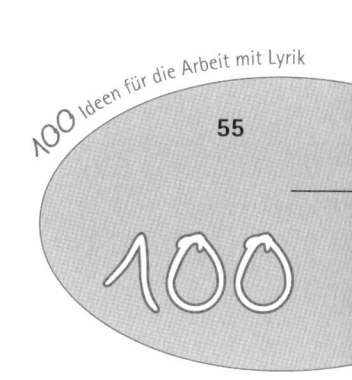

Gedichte verfremden

Gedichte verschränken

> Im Nebel ruhet noch die Welt,
> Noch träumen Wald und Wiesen:
> *Der Flügelflagel gaustert*
> *durchs Wiruwaruwolz.*
> Bald siehst du, wenn der Schleier fällt,
> Den blauen Himmel unverstellt,
> *die rote Fingur plaustert,*
> *und grausig gutzt der Golz.*
> Herbstkräftig die gedämpfte Welt
> In warmem Golde fließen.
>
> (E. Mörike, „Septembermorgen"/
> C. Morgenstern, „Gruselett")

Das kann sehr spannend werden: Suche dir zwei Gedichte, die, was Form oder Aussage betrifft, sehr unterschiedlich sind, und verschränke sie miteinander, indem du entweder jeweils zwei Verse oder eine Strophe des einen und dann des anderen Gedichtes hintereinander schreibst. Du kannst auch versuchen, alle Verse in eine neue Reihenfolge zu bringen, vielleicht musst du dann einige weglassen oder noch eigene ergänzen. Achte aber dabei darauf, dass du erklären kannst, warum du das neue Gedicht so und nicht anders angeordnet hast.

Literatur- und Internettipps

Literaturtipps

Petra Anders:
Poetry Slam. Live-Poeten in Dichterschlachten. Ein Arbeitsbuch.
Verlag an der Ruhr, 2007.
ISBN 978-3-8346-0293-0

Werner Braukmann:
Freies Schreiben. Praxishandbuch für die Sekundarstufe I und II.
Cornelsen Scriptor, 2003.
ISBN 978-3-589-21876-9

Florian Buschendorf:
Aktiv Lesen! Ein Mitmachroman.
Vom Außenseiter zum Superstar.
Arbeitsvorlagen zum Mitmachen.
Verlag an der Ruhr, 2006.
ISBN 978-3-8346-0173-5

Liza Charlesworth:
100 Ideen für die Arbeit mit Texten.
Literatur schreibend erkunden.
Verlag an der Ruhr, 2008.
ISBN 978-3-8346-0399-9

Rolf Esser:
Das große Arbeitsbuch Literaturunterricht.
Lyrik, Epik, Dramatik.
Verlag an der Ruhr, 2007.
ISBN 978-3-8346-0234-3

Alan Horsfield:
Freies Schreiben – Schritt für Schritt.
Ein systematischer Kurs.
Verlag an der Ruhr, 2006.
ISBN 978-3-8346-0047-9

Frank Müller:
Lesen und kreatives Schreiben.
Die Freude am Wort wecken.
Beltz, 2007.
ISBN 978-3-407-62592-2

Antje Dagmar Schmitz:
Handbuch des kreativen Schreibens für den Unterricht in der Sekundarstufe I.
Auer, 2001.
ISBN 978-3-403-03525-1

Internettipps

www.learn-line.nrw.de/angebote/litweb_schreiben/
Sehr gute Seite des Ministeriums für Schule und Weiterbildung des Landes Nordrhein-Westfalen. Hier gibt es viele Anregungen und Literaturhinweise rund um das Thema „Schreibwerkstatt".

www.schreibwerkstatt-berlin.de
Seit über 30 Jahren findet mit der „Schreibwerkstatt Berlin" eine Werkstatt zum kreativen Schreiben statt. Eine gute Adresse für interessierte Jugendliche.

www.geo.de/GEOlino/kreativ/schreibwerkstatt
Schreibwerkstatt von GEOlino. Hier können „kleine Autoren" ihre eigenen Geschichten, Gedichte und Schreibversuche veröffentlichen. Tipps zum kreativen Schreiben gibt es auch.

http://fiction-writing.de
Hervorragende Seite zum Thema „kreatives Schreiben". Mit Ideen, Anregungen und Mitmachgeschichten bekommen die Jugendlichen Lust, selbst produktiv zu werden.

Die in diesem Werk angegebenen Internetadressen haben wir geprüft (Januar 2009). Da sich Internetadressen und deren Inhalte schnell verändern können, ist nicht auszuschließen, dass unter einer Adresse inzwischen ein ganz anderer Inhalt angeboten wird. Wir können daher für die angegebenen Internetseiten keine Verantwortung übernehmen.

Verlag an der Ruhr

Postfach 10 22 51,
45422 Mülheim an der Ruhr

Alexanderstraße 54,
45472 Mülheim an der Ruhr

Bitte richten Sie Ihre Bestellung an:

Telefon 0208/49 50 40
Fax 0208/495 0 495

bestellung@verlagruhr.de

Es gelten die aktuellen Preise auf unserer Internetseite.

■ **Das Portfolio-Konzept in der Sekundarstufe**
Individualisiertes Lernen organisieren
Kl. 5–13, 98 S., A4, Pb., zweifarbig
ISBN 978-3-8346-0152-0
Best.-Nr. 60152
19,50 € (D)/20,– € (A)/34,20 CHF

■ **Portfoliomappe Selbstdisziplin**
10–16 J., 116 S., A4, Pb.
ISBN 978-3-8346-0341-8
Best.-Nr. 60341
19,50 € (D)/20,– € (A)/34,20 CHF

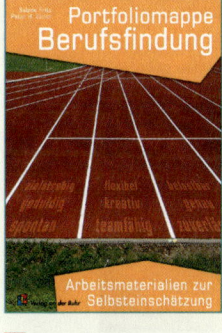

■ **Portfoliomappe Berufsfindung**
Arbeitsmaterialien zur Selbsteinschätzung
12–21 J., 185 S.,
A4, Spiralbindung
ISBN 978-3-8346-0409-5
Best.-Nr. 60409
21,– € (D)/21,60 € (A)/36,80 CHF

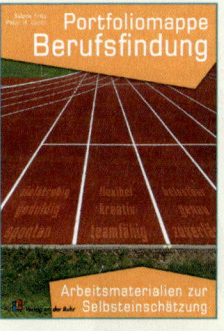

■ **Bessere Chancen für alle durch individuelle Förderung**
Die besten Methoden
Kl. 5–10, 182 S., A5, Pb.
ISBN 978-3-8346-0381-4
Best.-Nr. 60381
16,80 € (D)/17,30 € (A)/29,50 CHF

■ **Lerncoaching**
Vom Wissensvermittler zum Lernbegleiter. Grundlagen und Praxishilfen.
Für alle Schulstufen, 140 S., 16 x 23 cm, Pb., zweifarbig
ISBN 978-3-8346-0393-7
Best.-Nr. 60393
16,80 € (D)/17,30 € (A)/29,50 CHF

■ **KlassenlehrerIn sein**
Das Handbuch. Strategien, Tipps, Praxishilfen
Für alle Schulstufen, 174 S., 16 x 23 cm, Pb., zweifarbig
ISBN 978-3-8346-0154-4
Best.-Nr. 60154
16,80 € (D)/17,30 € (A)/29,50 CHF

■ **Basics für Junglehrer**
Der optimale Einstieg in den Arbeitsplatz Schule
Für alle Schulstufen, 201 S., 16 x 23 cm, Pb.
ISBN 978-3-8346-0063-9
Best.-Nr. 60063
17,80 € (D)/18,30 € (A)/31,20 CHF

■ **Produktive Arbeitsphasen**
100 Methoden für die Sekundarstufe
Kl. 5–13, 152 S., 16 x 23 cm, Pb.
ISBN 978-3-8346-0325-8
Best.-Nr. 60325
14,80 € (D)/15,20 € (A)/26,10 CHF

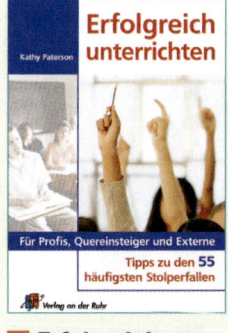

■ **Erfolgreich unterrichten – Für Profis, Quereinsteiger und Externe**
Tipps zu den 55 häufigsten Stolperfallen
Für alle Schulstufen, 144 S., 16 x 23 cm, Pb.
ISBN 978-3-8346-0340-1
Best.-Nr. 60340
15,80 € (D)/16,25 € (A)/27,60 CHF

■ **Mit guten Fragen lernt man besser**
Die besten Fragetechniken für den Unterricht
Kl. 1–7, 186 S., 16 x 23 cm, Pb.
ISBN 978-3-8346-0382-1
Best.-Nr. 60382
16,80 € (D)/17,30 € (A)/29,50 CHF

■ **Wenn Sanktionen nötig werden: Schulstrafen**
Warum, wann und wie?
Kl. 5–13, 157 S., 16 x 23 cm, Pb.
ISBN 978-3-8346-0324-1
Best.-Nr. 60324
16,80 € (D)/17,30 € (A)/29,50 CHF

Keiner darf zurückbleiben!

Informationen und Beispielseiten unter
www.verlagruhr.de

Verlag an der Ruhr

„Alle Juden sind..."
50 Fragen zum Antisemitismus
14–99 J., 184 S., 16 x 23 cm, Pb., vierf.
ISBN 978-3-8346-0408-8
Best.-Nr. 60408
19,50 € (D)/20,– € (A)/34,20 CHF

Sexualpädagogik in interkulturellen Gruppen
Infos, Methoden und Arbeitsblätter
12–18 J., 199 S., A4, Pb.
ISBN 978-3-8346-0335-7
Best.-Nr. 60335
22,– € (D)/22,60 € (A)/38,50 CHF

Was Weltreligionen zu ethischen Grundfragen sagen
Antworten von Christen, Juden und Muslimen
13–17 J., 189 S., A4, Pb.
ISBN 978-3-8346-0080-6
Best.-Nr. 60080
23,– € (D)/23,65 € (A)/40,30 CHF

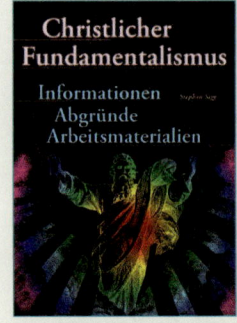

Christlicher Fundamentalismus
Informationen, Abgründe, Arbeitsmaterialien
13–19 J., 91 S., A4, Papph.
ISBN 978-3-8346-0400-2
Best.-Nr. 60400
19,80 € (D)/20,35 € (A)/34,70 CHF

Die ganze Schule liest
Die Praxismappe zur Leseförderung
Kl. 5–10, 67 S., A4, Pb., CD-ROM
ISBN 978-3-8346-0163-6
Best.-Nr. 60163
18,50 € (D)/19,– € (A)/32,40 CHF

Märchen, Fabeln, Sagen
Kreative Textarbeit mit alten Stoffen
Kl. 5–7, 55 S., A4, Papph.
ISBN 978-3-8346-0228-2
Best.-Nr. 60228
17,80 € (D)/18,30 € (A)/31,20 CHF

Aufsatzkorrekturen fair und transparent
Checklisten und Beurteilungshilfen
Kl. 5–10, 97 S., A4, Pb. mit CD-ROM
ISBN 978-3-8346-0328-9
Best.-Nr. 60328
19,80 € (D)/20,35 € (A)/34,70 CHF

100 Ideen für die Arbeit mit Texten
Literatur schreibend erkunden
Kl. 5–7, 56 S., A4, Papph.
ISBN 978-3-8346-0399-9
Best.-Nr. 60399
17,50 € (D)/18,– € (A)/30,70 CHF

Mit Comics Sachaufgaben üben
Arbeitsblätter für die Klassen 5 und 6
Kl. 5–6, 53 S., A4, Papph.
ISBN 978-3-8346-0396-8
Best.-Nr. 60396
18,50 € (D)/19,– € (A)/32,40 CHF

Kopfrechnen
Strategien, Tricks und Übungsaufgaben aus dem Alltag
13–99 J., 65 S., A4, Papph.
ISBN 978-3-8346-0397-5
Best.-Nr. 60397
19,50 € (D)/20,– € (A)/34,20 CHF

Das Kunstrezeptbuch
55 einfache Rezepte zum Zeichnen, Malen und Gestalten
Kl. 5–10, 119 S., A4, Pb. (mit vierf. Abb.)
ISBN 978-3-8346-0232-9
Best.-Nr. 60232
21,– € (D)/21,60 € (A)/36,80 CHF

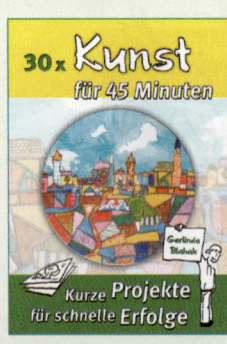

30 x Kunst für 45 Minuten
Kurze Projekte für schnelle Erfolge
Kl. 5–13, 77 S., A4, Papph. (mit vierf. Abb.)
ISBN 978-3-86072-922-9
Best.-Nr. 2922
19,50 € (D)/20,– € (A)/34,20 CHF

Keiner darf zurückbleiben!

Informationen und Beispielseiten unter
www.verlagruhr.de